Miriam Kaykusuz

So kann Inklusion gelingen
Zusammen spielen und singen in der Kita

Pä 365,9
10 :STB List
3218580:07.08.2015
CoT:889815

Verlag an der Ruhr

Impressum

Titel
So kann Inklusion gelingen – Zusammen spielen und singen in der Kita

Autorin
Miriam Kaykusuz

Titelbildmotiv
© Miriam Schmiega

Umschlaggestaltung
Magdalene Krumbeck, Wuppertal

Innengestaltung & Satz
Claudia Adam Graphik-Design, Darmstadt

Fotos im Innenteil
Siehe Bildnachweise auf S. 64

Lektorat
Yvonne Wagner, Pöcking

Verlag an der Ruhr
Mülheim an der Ruhr
www.verlagruhr.de

Geeignet für Kinder von 2 – 6 Jahren

Unser Beitrag zum Umweltschutz
Wir sind seit 2008 ein ÖKOPROFIT®-Betrieb und setzen uns damit aktiv für den Umweltschutz ein. Das ÖKOPROFIT®-Projekt unterstützt Betriebe dabei, die Umwelt durch nachhaltiges Wirtschaften zu entlasten.
Unsere Produkte sind grundsätzlich auf chlorfrei gebleichtes und nach Umweltschutzstandards zertifiziertes Papier gedruckt.

Urheberrechtlicher Hinweis
Das Werk und seine Teile, auch die Dateien auf der CD-ROM, sind urheberrechtlich geschützt. Jede Verwendung in anderen als den gesetzlich zugelassenen Fällen bedarf der vorherigen schriftlichen Einwilligung des Verlages. Im Werk vorhandene Kopiervorlagen dürfen vervielfältigt werden, allerdings nur für den Gebrauch in der eigenen Kita. Die dazu notwendigen Informationen (Buchtitel, Verlag und Autor) haben wir für Sie als Service bereits mit eingedruckt. Diese Angaben dürfen weder verändert noch entfernt werden. Die Weitergabe von Kopiervorlagen oder Kopien an Kollegen, Eltern oder Schüler anderer Klassen/Kurse ist nicht gestattet. Bitte beachten Sie die Informationen unter schulbuchkopie.de.
Der Verlag untersagt ausdrücklich das digitale Speichern und Zurverfügungstellen dieses Buches oder einzelner Teile davon im Intranet (das gilt auch für Intranets von Schulen und sonstigen Bildungseinrichtungen), per E-Mail, Internet oder sonstigen elektronischen Medien. Kein Verleih. Keine gewerbliche Nutzung. Zuwiderhandlungen werden zivil- und strafrechtlich verfolgt.

© Verlag an der Ruhr 2015
ISBN 978-3-8346-2656-1

Printed in Germany

Inhalt

Ein paar Worte vorab – Herausforderung Inklusion	4

1 Was mein Körper alles kann — 9

„Meine Hände trommeln laut" – Musikalisch-rhythmisches Trommelspiel	10
„Schöner Stein soll bei mir sein" – Feinmotorisches Kreativangebot	12
„Meine Hände sind wie Blätter" – Entspannungslied	14
„Zehn Finger spielen Theater" – Fingerspiel	16
„Ich bin ein kleiner, froher Zwerg" – Sprachförderndes Spiellied	18
„Auf starken Beinen durch die Welt" – Psychomotorische Bewegungsbaustelle	20
„Rundherum um unseren Fuß" – Taktile Reimspiele	22
„Der Bauernhof auf meinem Rücken" – Taktiles Reimspiel	24
„Lustige Fingermalerei" – Feinmotorisches Formenspiel	26
„Instrumente klingen, Tiere springen" – Taktile Wahrnehmungsspiele	28

2 Im Kindergarten ist was los — 31

„Unser Weg zum Kindergarten" – Eine psychomotorische Themenstunde	32
„Milch, Mehl und Eier" – Fantasievolle Lach- und Backgeschichten	42

3 Mit allen Sinnen durch Haus und Garten — 49

„Der Natur auf der Spur" – Walnüsse	50
„Der Natur auf der Spur" – Steine	52
„Der Natur auf der Spur" – Wasser	55
„Was es alles gibt" – Watte	57
„Was es alles gibt" – Strohhalme	61

Anhang — 63

Zur Autorin	63
Medientipps	64

Ein paar Worte vorab

Herausforderung Inklusion

Dieses Buch wendet sich vorrangig an Erzieherinnen in Förderkindergärten und Regeleinrichtungen, die Integrationskinder betreuen. Das Thema **Inklusion** nimmt in den Medien als auch gesellschaftlich einen immer größer werdenden Raum ein. So ist es gesetzlich geregelt, dass jeder beeinträchtigte Mensch einen gleichwertigen Platz in der Gesellschaft und damit den Institutionen Kindergarten und Schule hat.

Doch dieser Forderung nach gleicher Behandlung für alle steht die Besonderheit jedes beeinträchtigten Menschen gegenüber. Nicht jedes zu integrierende Kind sollte der Einfachheit halber in seiner Regelgruppe mitlaufen, sondern bedarf einer gezielten, seinen Stärken und Schwächen angepassten Förderung. Diese findet vorwiegend im Gruppenalltag statt, jedoch benötigt das Kind immer wieder auch Phasen der Kleingruppen- und Einzelbetreuung. Wichtig ist das Verständnis, dass das besondere Kind sowohl von und mit seiner Kindergruppe lernt, als auch umgekehrt selbst mit seinen individuellen Besonderheiten und Stärken eine Bereicherung für die Gruppe darstellt.

Viele Pädagoginnen freuen sich über die neue Herausforderung Inklusion, sehen sich aber auch Fragen gegenüber, die möglicherweise auch zu einer Überforderung führen können:

- Werden wir einem beeinträchtigten Kind bei unserer Gruppengröße gerecht?
- Reichen unsere räumlichen und personellen Möglichkeiten aus, um das Kind optimal zu versorgen?
- Werden wir auch noch den Regelkindern gerecht?
- Können wir Inklusion zusätzlich zu unseren bisherigen Arbeitsaufträgen (Vorschularbeit, Portfolio, Waldtag, Ausflüge, Gruppenprojekten etc.) meistern?
- Bin ich mit einer Behinderungsart überfordert? Wie gehe ich damit um?

Dieses Buch soll Ihnen Mut machen, mit Freude an die neue Aufgabe Inklusion heranzugehen. Zahlreiche Spielanregungen für den Alltag unterstützen Sie dabei, jedes Kind mit seinen Möglichkeiten in den Gruppenalltag und das gemeinsame Spiel einzubinden, ihm Erfolgserlebnisse zu schaffen und dafür zu sorgen, dass es ein positives Selbstbild erhält oder dieses verbessert. Es stellt jedoch keinen Förderansatz dar, um Störungsbilder zu behandeln oder eingeschränkte Fähigkeit gezielt zu verbessern. Dies bedarf umfassenden individuellen Wissens zu jedem Integrativkind und erfordert das Zusammenspiel zwischen Eltern, Ärzten, Therapeuten und Pädagoginnen.

Zum Umgang mit diesem Buch

Das Kapitel **„Was mein Körper alles kann"** steht an erster Stelle in diesem Buch, denn Körperlichkeit ist bei allen Kindern die Grundlage, um die eigene Umgebung interessiert zu erkunden. Beeinträchtigten Kindern fehlt häufig ein entwicklungsgerechtes Kennenlernen des eigenen Körpers aufgrund vorherrschender Defizite. Eingeschränktes Hör- oder Sehvermögen, geistige Behinderung oder motorische Einschränkungen lassen zum Teil nur eine einseitige oder verzögerte Wahrnehmung des eigenen Körpers zu. Doch erst wenn Kinder sich ihres Körpers bewusster werden, fühlen sie sich sicher genug, um ihre Umgebung zu erkunden.

Das zweite Kapitel dieses Buches, **„Im Kindergarten ist was los"** bietet Ideen, die dem Kind ermöglichen, den morgendlichen Tagesrhythmus mit seinen wiederkehrenden Ritualen nachzuspüren und spielerisch neu zu entdecken. Hier finden Sie im Rahmen zweier „Stundenbilder" kleine Stehgreifangebote, die zum Teil einen spontanen Einsatz, ohne Materialaufwand und Textlernen, ermöglichen. Andere Spielideen zeigen auf, mit welchen, in der Einrichtung meist vorhandenen Materialien das integrative Kind in seiner sensorischen Wahrnehmung unterstützt werden kann.

„Mit allen Sinnen durch Haus und Garten" heißt das dritte Kapitel. Es widmet sich der Auseinandersetzung des Kindes mit seiner Umwelt. Dabei liegt der Schwerpunkt auf dem sinnlichen Begreifen der kindlichen Umgebung mithilfe von Natur- und Alltagsmaterialien.

Förderaspekte des Buches

Reime, Fingerspiele und Lieder im Bereich der **Sprachförderung** befassen sich mit der Lebenswelt der Kinder. Wiederkehrende Textteile, sowie einfache und kurze Reime unterstützen eine Erweiterung des Wortschatzes, eine Verbesserung grammatikalischer Strukturen und fördern Ausdrucksfähigkeit und Satzbau der Kinder. Ebenso unterstützt das rhythmische Sprechen in reimender Form in Kombination mit dazu passenden rhythmischen Bewegungen ein flüssigeres Sprechen.

Angebote und Spielideen zur **feinmotorischen Förderung** unterstützen das Zusammenspiel beider Hände (Hand-Hand-Koordination), fördern eine differenzierte Fingerkoordination und können das Kind in seiner Auge-Hand-Koordination stärken. Durch den Hautkontakt mit den verschiedenen Materialien findet eine intensive taktile Wahrnehmung statt. Das Wahrnehmen verschiedener Materialien und das Ermöglichen von Farberlebnissen stehen hier im Vordergrund.

Ein paar Worte vorab

Im Bereich der **Grobmotorik** unterstützen die in den drei Themenkomplexen beschriebenen Bewegungsangebote sowohl eine verbesserte Koordination beider Füße als auch eine schnellere Reaktionsfähigkeit. Das gemeinsame, teils schnelle Bewegen im Raum erfordert zudem ein hohes Maß an Aufmerksamkeit und einen Überblick über den gesamten Raum, sprich eine adäquate Raumwahrnehmung. Bewegungsthemen des Kindes werden aufgegriffen, wie Kriechen, Krabbeln, Rollen, Hüpfen, Springen, Schaukeln. Der Einsatz von Kleinmaterialien greift auch hier den Aspekt der Ganzheitlichkeit auf und verbindet das feinmotorische Hantieren mit Grobmotorik sowie taktiler und visueller Wahrnehmung.

Im **musikalisch-rhythmischen Bereich** finden Sie Bewegungslieder und instrumentale Liedangebote, um die Kinder in ihrer natürlichen Freude an Sprache, Bewegung und Gesang zu unterstützen. Neue Textinhalte zu bekannten Melodien ermöglichen Ihnen einen schnellen Zugang zu den Inhalten der Lieder. Die meist einfach strukturierten Texte und Melodien ermöglichen den Kindern ein schnelles Verinnerlichen und fördern gegebenenfalls ein (gelösteres) Mitsingen und Mitspielen. Die Kombination von Gesang (Sprache), Musik (Instrumente, CD) und Bewegung (Kreistanz, freies Bewegen, verschiedene Fortbewegungsarten) unterstützen in hohem Maß die sensomotorische Wahrnehmung.

Eine abschließende Phase der **Entspannung** darf nicht fehlen! Ermöglichen Sie den Kindern, nach einer aufregenden und erlebnisreichen Stunde gemeinsam zur Ruhe zu kommen und den eigenen Körper noch einmal intensiv zu spüren, über das Erlebte nachzusinnen und von einer angespannten in eine entspannte Körperhaltung zu kommen! Entspannungsphasen können in Form leiser, angeleiteter Einheiten (hierzu gibt es einige Anregungen im Buch) oder auch nonverbal stattfinden, während eine Entspannungsmusik im Hintergrund läuft und die Kinder einem Kleinmaterial ihrer Themenstunde nachspüren.

Integration der eigenen Sinne – ein fortwährender Prozess

Neben dem Thema Inklusion im Kindergarten sei hier auch die **Integration der Sinne** genannt. Denn sie betrifft nicht nur Kinder mit Beeinträchtigung, sondern jedes Kind der Einrichtung.

Ab der Geburt strömen auf den Säugling eine Vielzahl von Eindrücken ein, die er erst einmal nicht erfassen kann. Nach und nach beginnt das Baby, bestimmte Reize zu filtern. Die Stimme der Mutter, der Augenkontakt zum Vater, das Greifen nach einem Gegenstand. Die Verarbeitung der Informationsflut verbessert sich stetig. So gelangt das Kleinkind vom Lautieren zum Brabbeln bis hin zum Sprechen. Es tritt in den Dialog mit seiner Umwelt. Ebenso vollzieht sich der komplexe Prozess des Laufenlernens. Vom Liegen über das Drehen, bis hin zum Krabbeln, Stehen und letztendlich dem Gehen.

In dieser Zeit sind alle Sinnesorgane des Kindes gefragt: neben den Fernsinnen, wie dem auditiven (Gehör) und dem visuellen (Augen) Sinn, ebenso die Nahsinne, wie der taktile (Haut), der propriozeptive (Stellungssinn der Muskeln, Sehnen und Bänder), der gustatorische (Geschmack), der olfaktorische (Geruch) und der Gleichgewichtssinn.

Im Kindergartenalter beginnt ein vielschichtiges Zusammenspiel aller Sinne, die **sensorische Integration**. Da zudem der Bewegungsdrang in diesem Alter einen hohen Stellenwert hat, spricht man sogar von **sensomotorischer Integration**. Das aktive Mitmachen, Austoben, Experimentieren, Rollenspiel und vieles mehr ermöglichen den Kindern nicht nur das Erlernen bestimmter sachlicher Gegebenheiten, sprachlicher Begriffe oder Handhabungen eines Gegenstandes. Vielmehr begreifen die Kinder ihre Umwelt auf ganzheitliche Weise.

Bringen Sie beispielsweise bei einem gemeinsamen Frühstück eine Ananas mit, können Sie diese einfach an alle Kinder verteilen oder aber die Kinder:

- befühlen blind die in einer Stofftasche versteckte Frucht von außen und innen,
- befühlen sehend die unebene Schale der ganzen Frucht,
- riechen mit geschlossenen Augen an einem Stückchen Ananas,
- kosten mit geschlossenen Augen die süße, saftige Frucht,
- beschreiben gemeinsam Aussehen, Form, Farbe, Konsistenz.

Genauso kann ein neues Lied im Stuhlkreis sinnhaft eingeführt werden. Dreht es sich beispielsweise bei dem Liedinhalt um ein Pferd, so können Sie:

- den mit geschlossenen Augen sitzenden Kindern ein Hufgetrappel mit Kokosnusshälften vorspielen,
- die Kinder eine kleine Pferdefigur, die in einem Säckchen versteckt ist, blind fühlen lassen,
- die Kinder das Aussehen der Pferdefigur beschreiben, ihr eigenes Wissen zu diesem Tier nennen lassen,
- etwas Heu und Stroh zum Riechen und Befühlen mitbringen, um das Eintauchen in das Thema zu unterstützen.

So findet neben der sensorischen Integration auch ein Spannungsaufbau statt, der die ganze Kindergruppe fesselt. Ebenso werden das Erinnerungsvermögen, die Merkfähigkeit und die Abstraktionsleistungen aller Kinder geschult.

Ein paar Worte vorab

Dieses Buch befasst sich mit **verschiedenen Sinnesbeeinträchtigungen** und gibt bei jeder Spielsequenz hilfreiche Tipps, wie möglichst alle Kinder adäquat in das Angebot mit eingebunden werden können:

- **visuelle Beeinträchtigungen,** wie beispielsweise Blindheit, Sehschwäche, starkes Schielen, aber auch ein abgeklebtes Auge

- **auditive Beeinträchtigungen,** wie eine völlige Taubheit, einseitige oder beidseitige Hörschwäche, eine gestörte Reizverarbeitung und -weiterleitung an das Gehirn

- **taktile Beeinträchtigung,** wie eine Unterempfindlichkeit des Tastsinns (Kinder suchen häufig sehr starke Reize über die Haut) oder eine Überempfindlichkeit des Tastsinns (Kinder meiden Berührungen und empfinden sie als unangenehm).

- **motorische Beeinträchtigungen,** die den Muskeltonus (adäquater Spannungsaufbau) im Bereich des gesamten Oberkörpers, wie Schultern, Nacken, Arme, Hände und Finger, betreffen, ebenso Teillähmungen im Bereich des Oberkörpers sowie Lähmungen der Beine (Rollstuhlfahrer), Spastiken, einseitige Problematiken, aber auch Probleme des Gleichgewichts (zu schnelle hektische Bewegungen, häufiges Fallen).

Über die Auflistung der **Beeinträchtigungen** können Sie gezielte Förderideen auswählen. Jeder Form von Beeinträchtigung ist eine Farbe zugewiesen, damit Sie schnell die gewünschte Rubrik erkennen können.

- **Beeinträchtigung der Konzentration**
Hier finden Sie einige Ideen, wie Sie Kinder zu mehr Ruhe führen können. Es gibt jedoch keine Ratschläge, wie Kinder mit ADS oder ADHS gezielt behandelt werden können, denn hierzu ist der persönliche Austausch mit Fachpersonal und Familie nötig.

- **Kognitive Beeinträchtigungen**
Aufgrund der vielfältigen Formen von kognitiven Beeinträchtigungen und der Notwendigkeit, das betroffene Kind genau zu kennen, gibt es hier nur einige Hinweise, wie Sie mittels Bildmaterial oder sprachlicher Unterstützung Inhalte besser verdeutlichen können.

- **Sprachliche Beeinträchtigungen** sind in dieser Auflistung nicht berücksichtigt, da Problematiken der Mundmotorik und Lautbildung, sowie Sprachbehinderungen logopädisch behandelt werden müssen.

In diesem Buch finden Sie aber eine Fülle von Sprachangeboten, die eine Unterstützung für besonders schüchterne, sprachgehemmte oder auch fremdsprachige Kinder darstellen können.

Ich wünsche Ihnen nun interessante Lesestunden und viel Freude beim Begleiten all Ihrer Kita-Kinder!

Miriam Kaykusuz

Was mein Körper
alles kann

1

1 Was mein Körper alles kann

„Meine Hände trommeln laut"
Musikalisch-rhythmisches Trommelspiel

RHYTHMISCHER SPRECHVERS:

> Der *Jonas* musiziert nicht still,
> ein jede Hand gern trommeln will.
> Auf dieser Trommel, gebt nun acht,
> hat *Jonas* sich etwas erdacht.
> So spiele uns doch etwas vor,
> dann sind wir leise und ganz Ohr.

VORBEREITUNG:
Die Kindergruppe bildet einen Sitz- oder Stuhlkreis, eine Trommel (z. B. Djembe, Tamburin, Blechtrommel, stabile Kartonschachtel) steht bereit.

SO GEHT'S:
Sprechen Sie den Reim und fordern Sie die Kinder auf, rhythmisch dazu auf den Beinen zu trommeln. Das namentlich im Vers benannte Kind nimmt die Trommel. Es trommelt wie die anderen den Reim rhythmisch auf dem Instrument mit und führt der Kindergruppe anschließend ein kleines, selbst erdachtes Trommelspiel vor. Es streicht z. B. mit flacher Hand über das Trommelfell, tippelt mit den Fingerspitzen darauf, klopft sacht mit den Fingerknöcheln oder schlägt einmal kraftvoll auf die Trommel.

VARIANTE:
Das Kind an der Trommel spielt der Kindergruppe einen selbst erdachten Rhythmus vor (z. B. zwei langsame und drei schnelle Schläge). Die anderen Kinder versuchen anschließend, den Rhythmus auf den eigenen Beinen oder dem Boden nachzuklopfen.

So kann Inklusion gelingen

● Visuelle Beeinträchtigung

○ Patschen auf den Beinen: Setzen Sie sich einem sehschwachen oder blinden Kind anfangs gegenüber und führen Sie die Hände des Kindes beim Patschen auf dessen Beine mit, um so den Klopf- und Sprechrhythmus zu veranschaulichen. Anschließend versucht das Kind, eigenständig zu patschen.

○ Spiel auf der Trommel: Stellen Sie die Trommel vor das Kind, damit es sie befühlen kann. Führen Sie seine Hände, damit es am Trommelspiel teilnehmen kann und die verschiedenen Bewegungen kennenlernt.

● Auditive Beeinträchtigung

○ Setzen Sie das hörgeschädigte oder taube Kind neben das jeweils trommelnde Kind, so kann es durch seitliches Auflegen der Hände taktil die Schwingungen der Trommel erleben.

○ Sprechen Sie den Vers etwas langsamer und besonders deutlich.

○ Um das Ende des Sprechverses zu visualisieren, machen Sie eine Geste mit der Hand. So kann das Kind das Patschen auf den Beinen und Trommeln zeitgleich mit den anderen beenden.

● Motorische Beeinträchtigung

○ Bei einem im Oberkörper eingeschränkten Kind (mangelnde Körperspannung, Spastik) setzen Sie sich hinter das Kind und führen behutsam die Hände nach dessen Möglichkeit an die Trommel. Lassen Sie es eine Bewegungsidee nennen bzw. machen Sie selbst einen Vorschlag, wenn das Kind sprachlich nicht dazu in der Lage ist. Warten Sie seine zustimmende Reaktion ab. und unterstützen Sie es weiterhin, wenn es nötig ist.

○ Stellen Sie einem gelähmten Kind die Trommel dicht an den Körper und trommeln Sie selbst. So hat das Kind ein intensives taktiles Wahrnehmungserlebnis.

○ Für einen Rollstuhlfahrer stellen Sie die Trommel auf ein kleines Podest, so kann er sie besser erreichen.

● Beeinträchtigung der Konzentration

○ Setzen Sie sich neben das betreffende Kind und führen Sie bei aufkommender Unruhe durch kurzes Handauflegen nonverbal zur Ruhe.

○ Sitzen Sie alle zusammen im Stuhlkreis. Das insgesamt unruhigere Kind kann hier stabil sitzen und so besser mit den Händen patschen.

○ Legen Sie dem Kind je ein Sandsäckchen auf die Oberschenkel, auf die es patschen darf (der taktile Reiz auf den Beinen kann das Kind in seiner Aufmerksamkeit unterstützen).

● Kognitive Beeinträchtigung

○ Setzen Sie sich beim Trommelspiel dem kognitiv eingeschränkten Kind gegenüber und trommeln Sie als Begleiter mit.

○ Begleiten Sie die verschiedenen Spielweisen der Kinder in übertriebener Weise sprachlich und gestisch, um Unterschiede in Tempo und Lautstärke hervorzuheben.

1 Was mein Körper alles kann

„Schöner Stein soll bei mir sein"
Feinmotorisches Kreativangebot

VORBEREITUNG:
Legen Sie Schälchen mit verschiedenen Fingerfarben sowie Pinsel bereit. Stellen Sie ein Körbchen mit ausreichend glatten, runden Steinen für alle Kinder auf den Tisch.

SO GEHT'S:
Jedes Kind erhält einen Stein und bemalt ihn nach eigener Idee bunt oder einfarbig. Dabei hält das Kind den Stein in der Hand oder legt ihn auf den Tisch.

ZUR INFO:
Ein gut in der Hand liegender und sich anschmiegender Stein wird auch als Handschmeichler bezeichnet. Durch die taktile Wahrnehmung der Beschaffenheit des Steins (kühl, hart, glatt) hat ein Handschmeichler eine entspannende Wirkung und dient in aufregenden Situationen auch der Beruhigung. Zudem birgt das Halten und Streicheln des Steins die Möglichkeit, sich zu fokussieren und die Aufmerksamkeit besser lenken zu können.

TIPP:
Da das Malen auf einem runden, gewölbten Stein eine filigrane und ruhige Arbeitsweise erfordert, können die Kinder vorab großflächig auf einem eigenen oder gemeinsamen Papier malen. So entwickeln sie bereits Malideen für den eigenen Stein. Zudem lockert das kraftvolle und ausladende Malen Hände und Arme, sodass das Bemalen eines kleinen Steines leichter fällt.

🔴 Visuelle Beeinträchtigung

- Schaffen Sie einen überschaubaren und klar strukturierten Arbeitsplatz.
- Stellen Sie alle Farben in separaten Joghurtbechern nebeneinander auf.
- Lassen Sie die Kinder jedes Material befühlen und vor allem jeden Stein intensiv betasten.
- Unterstützen Sie die Kinder bei Bedarf bei der Führung des Pinsels, dem Halten des Steins und beim Malen, wobei das eigenständige Gestalten stets im Vordergrund steht.

🔵 Motorische Beeinträchtigung

- Unterstützen Sie Kinder mit Einschränkungen der Arme und Hände bei der Handhabung des Pinsels, der Becher und des Steins (Handführung oder nur an Ellenbogen oder Handgelenken stützen).
- Findet ein Rollstuhl nicht ausreichend Platz am Tisch, stellen Sie ein Tischtablett auf die Rollstuhllehnen.
- Helfen Sie einem spastisch gelähmten Kind beim Umschließen der Materialien mit Fingern oder ganzer Faust. Achten Sie darauf, die Hand, bzw. den spastischen Finger behutsam anzufassen. Einen größeren Stein und auch einen dickeren Pinsel kann es möglicherweise besser halten und bemalen.

🟢 Taktile Beeinträchtigung

Ein *taktil unterempfindliches* Kind fällt möglicherweise durch eine verkrampfte Haltung der Pinsel und des Steins auf.

- Setzen Sie sich neben das Kind und schaffen Sie mit ruhiger Stimme und ohne Hektik eine entspannte Atmosphäre.
- Sorgen Sie für einen übersichtlichen Arbeitsplatz, der das Kind nicht beengt.
- Achten Sie darauf, dass das Kind gelegentlich das Material ablegt und die Hand auflockert.

Ein *taktil überempfindliches* Kind umschließt die Materialien vermutlich zu locker, um möglichst wenig Druck auf der Haut zu spüren: Pinsel und Stein fallen so vermutlich häufig aus der Hand.

- Umschließen Sie unterstützend die Hand des Kindes beim Halten des Steins und vermitteln Sie so etwas mehr Druck.
- Ein etwas größerer Stein und dicker Borstenpinsel geben bereits eine bessere taktile Rückmeldung.

🟠 Beeinträchtigung der Konzentration

- Ein übersichtlicher Arbeitsplatz, das gemeinsame Füllen der Farbe in die Schälchen und ein nicht beengtes Sitzen unterstützen bereits ein höheres Maß an Aufmerksamkeit.
- Ebenso sollte die Umgebung reiz- und geräuscharm sein.
- Setzen Sie sich neben das unruhige Kind und begleiten Sie es gestisch und sprachlich.

🔵 Kognitive Beeinträchtigung

- Führen Sie das Thema Stein spielerisch in einem gemeinsamen Sitzkreis ein, z.B. mit einer fantasievollen Geschichte, einem geheimnisvollen Steinsäckchen zum Ertasten oder einem Lied.
- Richten Sie den Arbeitsplatz gemeinsam mit dem Kind her.
- Sammeln Sie mit dem Kind gemeinsam Ideen für das farbige Gestalten des Steins.
- Bieten Sie einen größeren Stein an, der besser bemalt und gehalten werden kann.

1 Was mein Körper alles kann

„Meine Hände sind wie Blätter"
Entspannungslied

Text: Miriam Kaykusuz
Melodie traditionell: „Taler, Taler, du musst wandern"

1. Mei – ne Hän – de sind wie Blät – ter, wie – gen sich bei je – dem Wet – ter. Wie – gen sich im Son – nen – schein, Blät – ter sol – len auf dir sein.

2. Legen sich auf Füße und Bein,
   langweilig soll das doch nicht sein.
   Legen sich auf einen Po,
   auch der Rücken will das so.

3. Weiter geht es zu den Armen,
   Blätter wollen nicht erlahmen.
   Schultern, Hand und Nacken auch,
   unser Kopf die Blätter braucht.

4. Jetzt kommt noch ein starker Wind auf,
   Blätter wirbeln auf das Kind drauf.
   Von ganz oben bis unten,
   so vergehen die Stunden.

5. Doch der Wind zieht sich bald zurück,
   Sonnenstrahlen bringen uns Glück.
   Blätter suchen einen Platz,
   machen hier noch einmal Rast.

SO GEHT'S:

Dieses Partnerspiel findet auf dem Boden statt. Ein Kind liegt mit dem Bauch auf einer Isomatte oder Decke, der Partner kniet neben ihm.

Dem Text entsprechend, legt das Partnerkind die Hände flach und mit etwas Druck auf die besungenen Körperteile des liegenden Kindes.

Singen Sie das Lied langsam und fügen Sie passende Pausen ein. Wenn im Lied der Wind weht, singen Sie etwas betonter und schneller, sodass die Kinder ihre Hände ebenfalls schneller über die Körper der Partner streichen lassen.

● Visuelle Beeinträchtigung

- Begleiten Sie das sehgeschädigte Kind in seiner Rolle als Massierender durch Handführung.
- Die Spielpartner können sich gegenübersetzen. Der sehende Partner führt die Hände des sehgeschädigten Kindes zuerst zu dessen Körper und in Wiederholung zu seinem eigenen Körper. So ermöglichen Sie dem Kind ein intensives Erspüren der eigenen Körpergrenzen und Körperteile und der des Gegenübers. Möglicherweise gelingt dies mit Ihnen als Partner besser als mit einem Kind.
- Das visuell beeinträchtigte Kind soll natürlich auch die Möglichkeit erhalten, ganz entspannt liegend berührt zu werden.

● Auditive Beeinträchtigung

- Zeigen Sie besungene Körperteile deutlich an sich selbst an, gut sichtbar für das hörgeschädigte massierende Kind.

● Motorische Beeinträchtigung

- Ein spastisch gelähmtes Kind kann in seiner eigenen bequemen Sitzposition behutsam berührt werden.
- Ein Rollstuhlfahrer kann sitzend berührt werden, wird jedoch womöglich einen Positionswechsel (Liegen) als wohltuend empfinden.

● Beeinträchtigung der Konzentration

- Konzentrationsschwache Kinder können hier wichtige Rollen als Masseur erhalten, indem sie ein hilfebedürftigeres oder jüngeres Kind massieren und danach (mit Ihrer Hilfe) von diesem massiert werden.
- Um ruhiger liegen zu können, kann das Kind einen Handschmeichler halten, während es massiert wird.
- Setzen Sie sich ins Blickfeld des konzentrationsschwachen Kindes und zeigen Sie die Bewegungen am eigenen Körper deutlich an, so gelingt dem Kind das Massieren eines anderen Kindes eventuell besser.

● Kognitive Beeinträchtigung

- Sammeln und pressen Sie vorab verschiedene Baumblätter. Decken Sie im Sitzkreis reihum ein Kind damit zu, so ist das Darstellen der Blätter mit den Händen für die Kinder später besser nachvollziehbar.
- Singen Sie langsam und bauen Sie kurze Pausen ein. So ermöglichen Sie den Kindern ausreichend Zeit für die Umsetzung und das Spüren.
- Zeigen Sie die besungenen Körperteile deutlich an sich selbst an.
- Das betreffende Kind kann sich von einem dritten Kind bei der Darstellung der Blätter unterstützen lassen und dessen Gesten am liegenden Kind nachahmen.

1 Was mein Körper alles kann

„Zehn Finger spielen Theater"
Fingerspiel

Text: Miriam Kaykusuz
Melodie traditionell: „Auf einem Baum ein Kuckuck saß"

1. Zehn Finger wollen fröhlich sein, tra–la-la-la und tra–la-la hopp-sa-sa-sa. Der kleine Finger geht ins Haus rein.

2. **Neun Finger** wackeln hier und dort,
   tra-la-la-la und tra-la-la hopp-sa-sa-sa,
   dann war der Ringfinger plötzlich fort.

3. **Acht Finger** drehen sich im Kreis,
   tra-la-la-la und tra-la-la hopp-sa-sa-sa,
   dem Mittelfinger wird es zu heiß.

4. Noch **sieben Finger** auf und zu,
   tra-la-la-la und tra-la-la hopp-sa-sa-sa,
   der Zeigefinger legt sich zur Ruh.

5. **Sechs Finger** sind noch ziemlich wach,
   tra-la-la-la und tra-la-la hopp-sa-sa-sa,
   doch der Daumen wird plötzlich ganz schwach.

6. Jetzt tanzt ja nur noch **eine Hand,**
   tra-la-la-la und tra-la-la hopp-sa-sa-sa,
   fünf Finger sind mit mir gern verwandt.

7. **Fünf Fingern** wird die Puste knapp,
   tra-la-la-la und tra-la-la hopp-sa-sa-sa,
   der kleine Finger legt sich mal ab.

8. **Vier Finger** werden langsam schlapp,
   tra-la-la-la und tra-la-la hopp-sa-sa-sa,
   der Ringfinger fällt einfach herab.

9. Diese **drei Finger** fürchten sich,
   tra-la-la-la und tra-la-la hopp-sa-sa-sa,
   der Mittelfinger mit Bienenstich. (Aua!)

10. **Zwei Finger** streicheln sich nun warm,
    tra-la-la-la und tra-la-la hopp-sa-sa-sa,
    den Zeigefinger schnappt ein Fischschwarm.

11. **Ein Daumen** ist jetzt sehr einsam,
    und zeigt uns nicht sein tra-la-la hopp-sa-sa-sa,
    Doch plötzlich jeder Finger herkam.

Was mein Körper alles kann

SO GEHT'S:

Setzen Sie sich mit den Kindern in einen Kreis und singen Sie das Lied. Zeigen Sie die Finger entsprechend des Textes.

Bei Strophe 4 strecken Sie die Finger mehrfach lang und beugen sie dann zur Handinnenfläche.

🔴 Visuelle Beeinträchtigung

- Stellen Sie sehgeschädigten Kindern einen Partner zur Seite, der jeweils den Finger an der Spitze berührt, der sich als Nächstes verstecken soll. Auch ein Gegeneinanderlegen der Hände ist möglich, sodass das sehgeschädigte Kind genau die aktuelle Hand- und Fingerstellung des Partners spürt.
- Setzen Sie ein nur leicht sehgeschädigtes Kind neben sich und halten Sie Ihre Hände auf Bauchhöhe etwas weiter vorgestreckt, um sie im Spiel deutlich zu zeigen.
- Deutliches gestisches Begleiten während des Liedes ist wichtig, damit das betroffene Kind leichter abschauen und mitmachen kann.

🔵 Motorische Beeinträchtigung

- Legen Sie einem spastisch gelähmten Kind Ihre Hände auf Rücken oder Beine und lassen Sie dem Lied entsprechend einen Finger nach dem anderen verschwinden, um so ein taktiles Erleben zu ermöglichen und das Reduzieren der Finger zu vermitteln. Ebenso ist ein Antippen der Fingerspitzen oder Fingerknöchel möglich.
- Hat ein Kind im Bereich des Oberkörpers (Schulter, Arme, Finger) eine geschwächte oder übermäßig angespannte Muskulatur, kann es die Arme zwischenzeitlich ablegen. Animieren Sie es, wenn nötig, anschließend wieder zum Mitspielen.
- Ein im Rollstuhl sitzendes Kind kann wie alle anderen teilnehmen, jedoch könnte die Kindergruppe auf Stühlen oder Turnklötzen sitzen, um die gleiche Sitzposition einzunehmen.

🟠 Beeinträchtigung der Konzentration

- Singen Sie langsam und betont und machen Sie kurze Pausen zwischen den einzelnen Strophen.
- Setzen Sie das konzentrationsschwache Kind neben sich. Halten Sie Ihre Hände deutlich im Blickfeld des Kindes, so dienen sie als Anschauungsmodell.
- Bemalen Sie die Fingerkuppen aller Kinder mit kleinen Gesichtern, um das Spiel zu beleben und interessanter zu gestalten.

🔵 Kognitive Beeinträchtigung

- Zählen Sie vor Beginn des Spiels mit allen Kindern gemeinsam die Finger ab und lassen Sie die Kinder den jeweiligen Finger benennen.

Zusammen spielen und singen in der Kita

1 Was mein Körper alles kann

„Ich bin ein kleiner, froher Zwerg"
Sprachförderndes Spiellied

Text: Miriam Kaykusuz   Melodie: Hoffmann von Fallersleben „Die Vogelhochzeit"

1. Ich bin ein kleiner, froher Zwerg und geh nach oben auf den Berg. Fidirallala, fidirallala, fidirallalalalala.

2. Nun will ich gern nach **unten** gehn
und nach den Blümlein heute sehn,
fidirallala …

3. Sehr fröhlich tanze ich noch **neben**,
und will Blümchen Wasser geben,
fidirallala …

4. Noch einmal **links** und einmal **rechts**
und höre, dass ein Rabe krächzt, fidirallala …

5. Und Beeren will ich auch finden,
und schleiche mich schnell nach **hinten**,
fidirallala …

6. Schon habe ich gesehn ein Korn
und gehe damit froh nach **vorn**, fidirallala …

7. Die Zwerge haben viel getan
und nun kommt das **Ausruhen** dran,
fidirallala …

8. Ein Vogelschwarm auf der Reise,
die Flügel schlagen sehr **leise**, fidirallala …

Passend zum Liedtext bewegen die Kinder beide Daumen auf, neben und hinter den Beinen:

oben auf dem Berg: mit beiden Fäusten und ausgestreckten Daumen auf den Knien tippen

Körnersuche: Hände hinter den Rücken und am Boden tippen

Nach Strophe 7 schieben sie die Hände unter die Kniekehlen der noch angewinkelten Beine und singen leiser. Kurzzeitig ist es ganz still.

Strophe 8 ist die Abschlussstrophe.
Alle singen leise und langsam.

Holen Sie nach und nach unterschiedlich farbige, schwere und große Sandsäckchen hervor, welche die Vögel darstellen. Die Kinder befühlen die Sandsäckchen und lassen sie als Vögel durch die Luft schweben. Anschließend decken alle gemeinsam reihum jedes Kind einmal mit allen Sandsäcken zu. Dabei darf das Kind wählen, ob es sitzend nur die Beine oder liegend den gesamten Körper bedeckt haben möchte.

SO GEHT'S:
Die Kinder sitzen im Kreis. Die angewinkelten Beine stellen den Berg dar. Die beiden ausgestreckten Daumen sind die Zwerge.

TIPP:
Statt der Sandsäckchen können Sie auch Kirschkernkissen verwenden.

Visuelle Beeinträchtigung

- Bauen Sie vorab ein Tastspiel ein: Die Kinder erfühlen eine kleine Zwergenfigur in einem Säckchen.
- Bauen Sie im Turnraum einen Berg nach, den es zu Erklettern gilt.
- Unterstützen Sie ein blindes Kind durch Handführung beider Hände und Daumen.
- Sind die Sandsäckchen aus einfarbigen Stoffen gefertigt und die Farbtöne kräftig, können die Kinder sie besser erkennen.

Auditive Beeinträchtigung

- Achten Sie auf deutliche, aber nicht übertriebene Gestik und Mimik beim Singen!
- Singen Sie das Lied vorab mit einer Handpuppe (Menschfigur) und positionieren Sie die Puppe, dem Text entsprechend, um Ihre Beine herum. Anschließend werden alle Daumen zu Zwergen und spielen das Lied wie beschrieben.

Motorische Beeinträchtigung

- Einem Kind mit *spastischer Lähmung* wird das Anwinkeln der Beine und Hantieren mit den Zeigefingern vermutlich nicht oder nur schwer gelingen: unterstützen Sie es nach Möglichkeit mit behutsamer Handführung oder lassen Sie ein Kind der Gruppe mit seinen Händen und Daumen auf den Beinen des gelähmten Kindes agieren (diese stellen ebenfalls einen Berg dar), um es so in das Spiel mit einzubeziehen.
- Ein im Rollstuhl sitzendes Kind kann mit den Fingern auf seinen Beinen und um den Rollstuhl herum hantieren.
- Bei einem Kind mit Einschränkungen in Arm oder Hand setzen Sie sich hinter das Kind und unterstützen es bei Bedarf mit Handführung.
- Ein Beschweren des Körpers mit Sandsäckchen ist ideal, um ein stärkeres Druckempfinden zu haben und die eigenen Körpergrenzen intensiver zu spüren. Zur Stärkung des Muskeltonus soll sich das liegende Kind durch Abschütteln und Wälzen allein von einer Vielzahl Säckchen befreien.
- Ist einem Kind das Tippen mit den Daumen nicht möglich, nutzt es die ganzen Hände.

Beeinträchtigung der Konzentration

- Sitzen Sie während des Spielliedes neben dem Kind und legen Sie Ihre Hand flach auf dessen Rücken, um ihm so eine taktile Begrenzung zu geben. Dies kann zu mehr innerer Ruhe führen.
- Stecken Sie dem Kind kleine Fingerpuppen auf die Daumen oder zeichnen Sie Gesichter darauf, auf die es während der Liedumsetzung achten muss.
- Das Beschweren mit den Sandsäckchen kann dem Kind die Möglichkeit geben, in sich selbst zu ruhen und den eigenen Körper intensiv wahrzunehmen (Körperteile, Ausmaße des eigenen Körpers).

Kognitive Beeinträchtigung

- Zum visuellen Verständnis zeigen Sie vorab Bildmaterial von Zwergen und Bergen, zusätzlich lassen Sie die Kinder gemeinsam einen Berg im Turnraum bauen und erklimmen.
- Singen Sie das Lied ohne die fingermotorische Begleitung einmal vor. Zeigen Sie dabei eine kleine Wichtelfigur oder Handpuppe, die sich dem Text entsprechend um Ihre Beine herum bewegt.
- Greifen Sie das Thema *Präpositionen* mit einem kleinen Bewegungsspiel auf: Ein Stuhl stellt den Berg dar, jedes Kind ist ein Zwerg und bewegt sich, dem Lied entsprechend, auf und um seinen Stuhl.
- Begleiten Sie das gemeinsame Erfühlen der Sandsäckchen sprachlich: weich, kühl, körnig, zart.

1 Was mein Körper alles kann

„Auf starken Beinen durch die Welt"
Psychomotorische Bewegungsbaustelle

MATERIAL:

Für 1- bis 3-jährige Kinder:
- Kriechtunnel mit und ohne Sandsäckchen
- Turnbank zum Kriechen und Gehen
- Bällebad oder kleines Kinderplanschbecken mit vielen Tennis- oder Plastikbällen
- Hängematten und Schaukeln
- Trampolin

Für 3- bis 6-jährige Kinder:
- Balancierbalken, schmale Seite einer umgedrehten Turnbank oder ein Tau am Boden
- Therapiekreisel
- Kästen in verschiedenen Höhen
- Sprossenwand
- Trampolin
- Weichbodenmatte mittig über einen hohen Kasten legen zum Erklettern
- hängende Taue zum Klettern und Schwingen

SO GEHT'S:

Bei dieser Bewegungsbaustelle stehen das Ausprobieren der Beine und das freie Erproben der Baustelle im Vordergrund.

Beachten Sie beim Aufbau einzelner Stationen das Entwicklungsalter der Kinder, da sie entsprechend auch unterschiedliche motorische Entwicklungsthemen haben:

1- bis 3-jährige Kinder:
Krabbeln, Kriechen, Rollen, Schaukeln

3- bis 6-jährige Kinder:
Springen, Balancieren, Klettern

Obwohl das Thema Beine verstärkt aufgegriffen wird, findet oftmals ein ganzheitliches Körperempfinden statt: Die Bälle eines Bällchenbades umschließen den gesamten Körper, eine Hängematte umhüllt ebenfalls den gesamten Körper, ein Ziehen über eine Turnbank bedarf der Mithilfe der Arme und Hände.

TIPP:

Für einen fantasievollen Einstieg können Sie das vorherige Lied inhaltlich wieder aufgreifen. Erzählen Sie z.B.: *„Wir besuchen gemeinsam das Zwegenland mit hohen Bergen und vielen Gletscherspalten!"*

🔴 Visuelle Beeinträchtigung

- Stellen Sie nur wenige Geräte übersichtlich auf.

- Strukturieren Sie die Landschaft klar, z.B. durch einen kreisförmigen Stationsaufbau.

- Beim Springen von Kästen und beim Erklettern von Höhen ist möglicherweise intensive Hilfestellung nötig, da die Kinder Höhen, Tiefen und Abstände nicht adäquat einschätzen können.

- Befestigen Sie Schellenbänder als akustisches Signal an Ihrem Fuß- oder Handgelenk. So kann sich das Kind von Ihnen entfernen, mit der Sicherheit, Ihren Standort wahrzunehmen, um im Bedarfsfall verbal Hilfe anfordern zu können.

🟢 Auditive Beeinträchtigung

- Stehen Sie beim Besprechen der Regeln und Kennenlernen der Stationen deutlich im Blickfeld des Kindes, lassen Sie verschiedene Bewegungsmöglichkeiten von Kindern vorführen, um Bewegungsideen zu sammeln.

🔵 Motorische Beeinträchtigung

- Einem Kind im Rollstuhl, auch mit spastischer Lähmung, sollen genügend Bereiche zur Teilhabe zur Verfügung stehen: Bällchenbad, geeignete Schaukeln und/oder Hängematte, Massageecke zum Liegen (mit Massagematerialien für Körper und speziell Beine, wie Tennisball, Schwamm, Bürste, Sandsäckchen), Trampolin, um dort von einem Partner in Schwung versetzt zu werden.

- Stellen Sie Kindern mit leichter oder einseitiger Einschränkung im Bereich der Arme/Hände bzw. Beine/Füße einen Partner zur Seite (zum gemeinsamen Kennenlernen und Erproben der Gerätevielfalt).

- Behalten Sie das grobmotorisch beeinträchtigte Kind immer im Blickfeld bzw. halten Sie sich in seiner Nähe auf, um bei Bedarf Hilfestellung geben zu können (keine dauerhafte Begleitung, um dem Kind den Freiraum des eigenen Experimentierens zu geben).

🟠 Beeinträchtigung der Konzentration

- Nach einer freien Spielsequenz können Sie an jeder Station fantasievolle Bewegungsaufgaben stellen, die es gemeinsam in Kleingruppen zu lösen gilt. Die Spannung verhindert ein schnelles Abfallen der Konzentration.

🔵 Kognitive Beeinträchtigung

- Alle begutachten die Stationen und Materialien gemeinsam und führen sich gegenseitig Bewegungsideen vor.

- Das Ausprobieren an selbst gewählten Stationen bietet die Freiheit, Neues zu probieren oder Altbewährtes umzusetzen. Langsamere Kinder erzeugen so keine langen Warteschlangen, es entsteht für sie kein Druck.

- Entspannungsecken und -geräte (z.B. Hängematte) bieten eine Möglichkeit des Rückzugs und Beobachtens. Begleiten Sie das Kind jedoch phasenweise, um es für neue Bewegungsmuster zu öffnen und zu schwierigeren Aufgaben zu motivieren.

1 Was mein Körper alles kann

„Rundherum um unsern Fuß"
Taktile Reimspiele

Spiel 2:
„Die Füße kriegen nun Besuch"

> „Es wird schwer für meine Füße,
> schöne Dinge ich begrüße.
>
> Mit den Zehen greife ich,
> auf **bunte Federn** freu ich mich."

VORBEREITUNG:
Legen Sie einige Materialien in ein Körbchen und stellen Sie es zu sich in den Kreis. Folgendes Material eignet sich: Federn, Wattebäusche, Korken, kleine Kieselsteine, eng gerolltes Papier, dünne Holzstäbchen oder Zweige, kleine Schwämme, Murmeln, Blätter.

SO GEHT'S:
Die Kinder sitzen im Kreis.

Geben Sie das Material herum. Die Kinder benennen es und fühlen daran, riechen es und sehen es sich an.

Nun erhält jedes Kind ein Materialpaar (zwei Federn, zwei Murmeln …) zum beidfüßigen Umsetzen des Spiels. Es steckt sich den Gegenstand unter die nackten, gekrümmten Zehen.

Während alle gemeinsam den Vers sprechen, versuchen sie, mitsamt ihrer Gegenstände, die sie mit den Zehen halten, im Raum herumzugehen. Dabei wandeln Sie den Text passend zum Material ab.

TIPP:
Dieses Spiel ist auch als Partnerspiel möglich, indem sich die Kinder im Wechsel beim Anstecken und Aufgreifen der Materialien mit den Zehen helfen und sich beim Gehen an der Hand fassen.

Spiel 1:
„Jeder Fuß zeigt, was er kann"

> „Meine Füße können viel
> und spielen beide nun ein Spiel.
>
> **Stampfen** können diese zwei
> und dann ist's auch schon vorbei."

SO GEHT'S:
Dieses Bewegungsspiel findet großflächig im Raum statt.

Nennen Sie gemeinsam mit den Kindern die Fortbewegungsarten der Füße und wandeln Sie den Text, entsprechend des Wiederholungsverses, ab. Ist die Fortbewegungsart Stampfen, so stampfen alle Kinder rhythmisch den gesamten Bewegungsreim über.

Passen Sie aber auch das Sprechtempo und die Sprachdynamik der jeweiligen Fortbewegungsart an. Schleichen die Kinder, so flüstern sie den Reim, hüpfen sie, so sprechen sie den Reim entsprechend lebhaft.

Was mein Körper alles kann

• Visuelle Beeinträchtigung

- Das sehgeschädigte Kind kann sich mit einem Partner durch den Raum bewegen. Bei akustischer und motorischer Reizüberforderung bei Spiel 1 (Stimmen, schnelle Bewegungen), sprechen Sie den Wiederholungsreim am Platz stehend. Erst danach findet die Bewegung, ohne Mitsprechen des Reims, unterstützt mit einem Tamburin, im Raum statt. Eventuell verlangsamen Sie das Tempo.
- Lassen Sie die Kinder die Gegenstände bei Spiel 2 intensiv befühlen. Besprechen Sie deren Eigenschaften und Beschaffenheit.
- Das Anstecken der Materialien und das anschließende Gehen, gelingt mit der Unterstützung durch einen Partner leichter.

• Auditive Beeinträchtigung

- Spiel 1: Ein Kind denkt sich eine Fortbewegungsart aus und führt sie der Gruppe vor. Anschließend sprechen alle den Reim und bewegen sich ebenso im Raum.
- Spiel 2: Die Kinder betrachten und befühlen die Gegenstände intensiv. Sie erkennen und benennen die Materialbeschaffenheit und Eigenschaften wie: Die Feder schwebt, ein Stein fällt herunter und ist schwer, der Schwamm kann wischen und ist weich.
- Regen Sie die Kinder an, zwei gleiche Materialien aneinanderzureiben, gegeneinanderzuklopfen usw., um das Gehör zusätzlich anzuregen.

• Motorische Beeinträchtigung

- Einem motorisch unsicheren Kind stellen Sie zwei Partner rechts und links zur Seite, die sein Gleichgewicht mit stützen und es vor Zusammenstößen mit anderen bewahren.
- Schieben Sie ein Kind im Rollstuhl mit durch den Raum. Es darf die Gegenstände im Rollstuhl transportieren oder hat Helfer, die ihm Material an die Füße stecken.
- Ein Kind mit einer Beeinträchtigung der Füße und Zehen (beispielsweise Verkrampfung durch Spastik) kann den Gegenstand auch in der Hand halten oder auf verschiedenen Körperteilen balancieren.

• Taktile Beeinträchtigung

- Die Materialien für Spiel 2 müssen sorgsam ausgewählt werden: Bei *taktiler Unterempfindlichkeit* könnte der taktile Reiz einer Feder als zu schwach empfunden werden. Daher eignen sich dafür härtere Materialien, die in ihrer Beschaffenheit taktil intensiver wirken, z. B. Kieselstein (kalt und schwer) oder Stöckchen (hart und kantig).
- Bei *taktiler Überempfindlichkeit* könnten sehr viele Gegenstände als unangenehm oder kitzelig an den Zehen empfunden werden. Es eignen sich möglicherweise eher weiche oder leichte und glatte Gegenstände, wie Watte, Kieselstein, Murmel, Korken. Das Tragen von Socken mildert starke Reize ab. Das Anstecken und Festhalten wird dadurch allerdings erschwert.
- Ein Kind mit taktiler Störung sollte zwar zum Mitspielen angeregt, aber nicht dazu gedrängt werden, seine Füße beim Spielen einzusetzen. Es kann andere Kinder beim Anstecken der Gegenstände unterstützen und hat so ein taktiles Erleben über die Hände. Außerdem kann es Gegenstände auf dem Kopf oder den Handflächen balancieren.

"Der Bauernhof auf meinem Rücken"
Taktiles Reimspiel

REIME:

Wir **klopf**en **an** der **Haus**tür **an**,
ob der **Bau**er **kom**men **kann**.

Er **läuft** mit **uns** schnell **kreuz** und **quer**
allen **Tie**ren **hin**ter**her**.

Pferde, **Pfer**de, **hopp**, hopp, **hopp**,
laufen am **Rü**cken Gal**opp**.

Mäh, mäh, **mäh**, ruft **laut** das **Schaf**,
streichelt **uns** den **Rücken brav**.

Kleine **Kü**ken **tipp**eln **sacht**,
den **Rü**cken **das** ganz **kitz**lig **macht**.

Milch trinkt **hier** auch **mal** die **Kat**ze,
schleckt am **Rü**cken **ih**re **Ta**tze.

Schweine **ku**llern **durch** den **Matsch**,
machen **auf** dem **Rü**cken **Quatsch**.

Hunde **knab**bern **an** dem **Rü**cken,
Knochen **wür**den **sie** be**glü**cken.

BEWEGUNG:

→ mit den Knöcheln der Zeigefinger auf den Rücken klopfen

→ alle Fingerkuppen fahren in Schlangenlinien über den Rücken

→ die flachen Hände patschen im Galopp-Rhythmus

→ mit beiden flachen Händen mehrfach abstreichen

→ die Fingerspitzen tippen flink über den ganzen Rücken

→ die flachen Hände streichen mehrfach den Rücken von oben her ab

→ beide Fäuste kreisen in schnellen Bewegungen über den Rücken

→ alle Finger und Daumen zupfen am Rücken entlang

Was mein Körper alles kann

SO GEHT'S:

Lesen Sie den Reim betont vor. Die fett markierten Silben dienen Ihnen dafür als Betonungshilfe.

Zwei Kinder sitzen mit ausreichend Abstand hintereinander. Das hinten sitzende Kind vollführt beidhändig die Bewegungen der einzelnen Reime auf dem Rücken des Vordermannes. Danach findet ein Rollentausch statt.

Die Kinder können sich auch in eine Reihe oder einen Kreis setzen und jeweils den Vordermann berühren.

● Visuelle Beeinträchtigung
- Das betroffene Kind wird zuerst von seinem Partner massiert, um so ein inneres Bild von den Bewegungen zu bekommen.
- Ist das visuell eingeschränkte Kind der Masseur, können Sie durch Handführung die passenden Bewegungen mitbegleiten.

● Auditive Beeinträchtigung
- Bevor sich die Kinder paarweise zusammentun, sprechen alle gemeinsam die Verse und stellen sie mit Gesten auf den Beinen oder in der Luft dar.
- Halten Sie vorab angefertigte Bildkarten hoch, so kann das Kind als Masseur zeitgleich mit den anderen reagieren (Tür, Tiere, Bauer).

● Motorische Beeinträchtigung
- Ist ein Vorstrecken der Arme nicht möglich, kann das Kind die Bewegungen statt auf einem Rücken auf den eigenen Beinen oder am Bauch durchführen. Jedoch sollte bei einer Wiederholung ein Partner das Kind am Rücken massieren, um auch ihm das gewünschte taktile Erleben zu ermöglichen.
- Ein im Rollstuhl sitzendes Kind kann als Masseur ebenfalls mit am Boden sitzen oder sein Partner setzt sich mit einem Stuhl dicht an den Rollstuhl heran und wird massiert. Beim anschließenden Rollenwechsel massiert dieser Partner, hinter dem Rollstuhl stehend, das motorisch beeinträchtigte Kind.

● Beeinträchtigung der Konzentration
- Führen Sie das Spiel zuerst als Bewegungseinheit im Raum durch. Die Kinder imitieren die verschiedenen Figuren (anschließend kann die Partnersequenz möglicherweise besser gelingen).
- Wird ein konzentrationsschwaches Kind massiert, kann ein Handschmeichler beim ruhigen Sitzen und Nachspüren der Berührungen am Rücken hilfreich sein.
- Massiert dieses Kind seinen Partner, setzen Sie sich zur Beruhigung daneben und machen Sie vor, wie Sie selbst ein Kind berühren, oder zeigen Sie die Bewegungen an Ihren Beinen.

● Kognitive Beeinträchtigung
- Veranschaulichen Sie den Reim mit vorgefertigten Bildkarten im Sitzkreis (Tür, Tiere, Bauer).
- Das kognitiv eingeschränkte Kind wird zuerst massiert, um ein inneres Bild der Berührungen zu erhalten.
- Unterstützen Sie das Kind durch Handführung oder setzen Sie sich daneben und stellen Sie die Bewegungen zur Anschauung deutlich dar.

Zusammen spielen und singen in der Kita

„Lustige Fingermalerei"
Feinmotorisches Formenspiel

FINGERREIME:

> Ein runder Kreis kommt zu uns her,
> das schnelle Drehen mag er sehr.
> Ein jeder Kreis ist wunderschön,
> doch ist er bald nicht mehr zu sehn.
>
> Zwei Striche kommen mit dem Wind
> und legen sich zum Kreuz geschwind.
> Ein jedes Kreuz ist wunderschön,
> doch ist es bald nicht mehr zu sehn.
>
> Ein kleiner Punkt kommt nun herbei
> und drückt sich runter, schwer wie Blei.
> Ein jeder Punkt ist wunderschön,
> doch ist er bald nicht mehr zu sehn.
>
> Im Zickzack jeder Finger flitze,
> zucken so wie viele Blitze.
> Ein jeder Blitz ist wunderschön,
> doch ist er bald nicht mehr zu sehn.
>
> Ganz versteckt in einer Hecke
> ruht sich aus die kleine Schnecke.
> Die Schnecke ist auch wunderschön,
> doch ist sie bald nicht mehr zu sehn.

Spiel 1: Wassermalerei

VORBEREITUNG:
Fertigen Sie Kärtchen mit Symbolen an: Kreis, Kreuz, Punkt, gezackter Blitz und Strich. Legen Sie einen Stapel saugendes Papier (z. B. Löschpapier) auf den Maltisch und stellen Sie für jedes Kind ein Schälchen mit Wasser bereit.

SO GEHT'S:
Jedes Kind nimmt sich ein Papier und stellt ein Schälchen mit etwas Wasser griffbereit vor sich.

Sprechen Sie die Reime und halten Sie die Kärtchen dazu hoch.

Die Kinder tauchen ihren Zeigefinger in das Wasserschälchen und zeichnen die Form auf das Papier. Ziel ist hier die Beobachtung des verschwimmenden und verschwindenden Wassers.

VARIANTEN:
Legen Sie ein großes, saugendes Papier auf den Boden und lassen Sie mehrere Kinder gemeinsam darauf mit Wasser malen.

Um das Spiel schneller voranzutreiben und den Kindern die optische Veränderung des Papiers zu veranschaulichen, können Sie mit einem Föhn auf die Wasserspuren pusten.

Spiel 2: Rückenmalerei

SO GEHT'S:
Die Kinder sitzen auch hier paarweise beisammen, diesmal jedoch hintereinander, und malen sich die passenden Formen auf den Rücken.

Das Rückenmalen ist auch als Gemeinschaftsspiel möglich und bringt den Kindern viel Spaß, jedoch ist das taktile Empfinden am Rücken in einer 2er-Konstellation höher.

● Visuelle Beeinträchtigung

- Kleben Sie die Symbole mit einem Wollfaden auf die Karten, so kann das Kind das Symbol mit dem Finger abfahren und spüren.
- Zeichnen Sie die Symbole dick mit Buntstift oder Wachsmalfarbe auf ein separates Papier. Um ein Restsehvermögen anzuregen, kann das sehgeschädigte Kind mit seinem Finger (evtl. mit Ihrer Unterstützung) die Form nachfahren. So bekommt es ein inneres Bild der Form und kann das feinmotorische Bewegungsmuster verinnerlichen.
- Bieten Sie weitere Hilfen durch Handführung an: den Finger zur Wasserschale und zum Blatt führen, die Hand zur geöffneten Handfläche des Partners führen, die Hände zum Rücken des Partners führen und befühlen lassen.

● Auditive Beeinträchtigung

- Halten Sie vor Beginn jedes einzelnen Fingerreims die passende Bildkarte für das hörbeeinträchtigte Kind deutlich sichtbar hoch und nennen Sie die Abbildung klar, so kann sich das Kind auf die nächste Aufgabe einstellen und zeitgleich mit den anderen beginnen.
- Lassen Sie gesamte Gruppe vorab in der Luft malen. Das unterstützt ein späteres Erinnern und fördert eine möglichst selbstständige Umsetzung auf dem Rücken.

● Taktile Beeinträchtigung

- Bei *taktiler Überempfindlichkeit* des Partners sollte das Malen am Rücken zaghaft stattfinden.
- Bei *taktiler Unterempfindlichkeit* wird ein festeres Aufdrücken des Fingers vermutlich als angenehm empfunden.

● Motorische Beeinträchtigung

- Stützen Sie das Kind, falls nötig, im Arm- und Schulterbereich.
- Das Kind kann jede Form mit einem Stift auf ein separates Papier malen. Anschließend fährt es mit dem Finger die Form nach (bei Bedarf jeweils mit Handführung). So verinnerlicht es feinmotorische Bewegungsmuster und die Muskelspannung verbessert sich.
- Bei Spiel 1 können Sie oder ein Kind mit dem Zeigefinger nasse Bahnen auf den Armen des Kindes entstehen lassen.

● Beeinträchtigung der Konzentration

- Legen Sie zur besseren Fokussierung passende Bildkarten vor dem konzentrationsschwachen Kind ab.
- Setzen Sie sich neben das Kind, um es bei Bedarf mit einer Hand auf dem Rücken zu begrenzen.
- Geben Sie ihm einen Handschmeichler.

1 Was mein Körper alles kann

„Instrumente klingen, Tiere springen"
Taktile Wahrnehmungsspiele

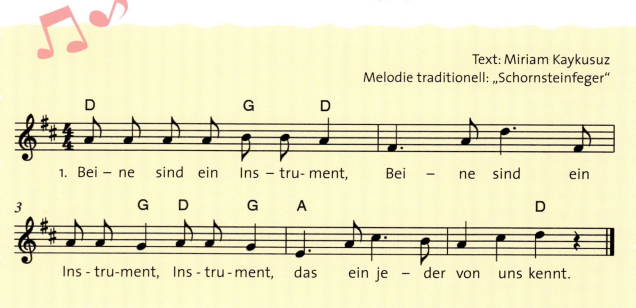

Text: Miriam Kaykusuz
Melodie traditionell: „Schornsteinfeger"

2. Wollen spielen das **Klavier,**
   wollen spielen das Klavier,
   das Klavier,
   alle Tasten finden wir.

3. Auch die **Geige** klingt so schön,
   auch die Geige klingt so schön,
   klingt so schön,
   mit dem Bogen drüber geh'n.

4. Die **Trompete** ist sehr laut,
   die Trompete ist sehr laut,
   ist sehr laut,
   jeder nach den Tönen schaut.

5. Schlagen auf ein **Trommelfell,**
   schlagen auf ein Trommelfell,
   Trommelfell,
   manchmal langsam, manchmal
   schnell.

6. Eine **Rassel** noch zum Schluss,
   eine Rassel noch zum Schluss,
   noch zum Schluss.
   Beine kriegen einen Kuss.

Spiel 1: „Die Beine sind mein Instrument"

SO GEHT'S:
Die Kinder sitzen mit ausgestreckten Beinen im Kreis auf dem Boden. Um das Tastempfinden zu erhöhen, ziehen sie die Hosenbeine hoch. Die Hände und Finger musizieren auf den Beinen.

Klavier: alle Fingerkuppen klimpern an den Beinen entlang

Geige: die Handkanten ziehen langsam quer über die Beine hinweg

Trompete: die Hände tasten die Beine entlang und verweilen an den Füßen, die Finger wackeln als Töne

Trommel: die flachen Hände patschen auf den Beinen entlang

Rassel: die Fingerspitzen vollführen schnelle, kleine, kreisende Bewegungen entlang der Beine

Was mein Körper alles kann

Spiel 2: „Tiere nun auf meinem Bein"

1. Jedes Bein wird nun ein Tier,
   jedes Bein wird nun ein Tier,
   nun ein Tier,
   wird's gefährlich werden hier?

2. Zu uns fliegt ein **Vögelchen,**
   zu uns fliegt ein Vögelchen,
   Vögelchen,
   sucht hungrig nach Krümelchen.

3. Dann stampft laut ein **Elefant,**
   dann stampft laut ein Elefant,
   Elefant,
   kommt mit dickem Bauch gerannt.

4. Ein **Gepard** rennt flink und schnell,
   ein Gepard rennt flink und schnell,
   flink und schnell,
   Punkte hat er auf dem Fell.

5. Auch ein **Schwein** mit Ringelschwanz,
   auch ein Schwein mit Ringelschwanz,
   Ringelschwanz,
   zeigt uns gerne seinen Tanz.

6. Und zum Schluss kommt ein **Zebra,**
   und zum Schluss kommt ein Zebra,
   ein Zebra,
   Streifen hat es hier und da.

SO GEHT'S:
Die Kinder sitzen auch hier im Kreis, mit ausgestreckten, möglichst nackten Beinen.

Machen Sie die *Tierspuren* sichtbar: Verteilen Sie auf den nackten Beinen eine weiße, glatte Cremeschicht. Passend zum Lied, stellen die Kinder Tiere durch Spuren der Finger auf den Beinen dar. Dabei ist es visuell interessanter, wenn alle Spuren sich gemeinsam auf den Beinen abzeichnen. Sie können jedoch bei Bedarf mit einem Teigschaber oder Löffel die Creme wieder glätten (so entsteht mehr Übersicht auf den Beinen).

Fotografieren Sie am Schluss die Beine der Kinder, damit sie die Bilder in ihr Portfolio heften können.

Vogel: die Zeigefinger tippen auf den Beinen entlang (Krallenspuren), Zeigefinger und Daumen zupfen die Beine ab (Krümelchen)

Elefant: flache Hände mehrfach schwer auf den Beinen aufdrücken

Gepard: kleine Kringel zeichnen (gepunktetes Gepardenfell)

Schwein: kleine Schneckenformen oder Wellen (Ringelschwanz)

Zebra: mit allen Fingern Streifen und Wellen auf die Beine zeichnen

Zusammen spielen und singen in der Kita

🔴 Visuelle Beeinträchtigung

- Unterstützen Sie das Kind durch Handführung.
- Zeichnen Sie die Tätigkeiten der einzelnen Strophen beider Spielvarianten vorab als Trockenübungen großflächig in die Luft und auf die Beine.

🟢 Auditive Beeinträchtigung

- Fertigen Sie Bildkarten zu jeder Strophe an, mit dem jeweiligen Instrument oder Tier darauf. Halten Sie die passende Karte zu jeder Strophe sichtbar hoch und machen Sie eventuell auch hier vorab Trockenübungen auf den Beinen oder in der Luft.

🔵 Motorische Beeinträchtigung

- Unterstützen Sie das Kind, wenn nötig und auch möglich, durch Handführung.
- Ein (spastisch) gelähmtes Kind kann womöglich dieses Spiel mit den eigenen Händen nicht ausführen, sollte aber von Ihnen oder einem Kind, passend zum Lied, als Instrument bespielt oder als Tier bemalt werden.
- Ein gehbehindertes Kind im Rollstuhl kann die Spiele sitzend auf den Oberschenkeln mitmachen oder es sitzt mit den anderen, gut durch Kissen gestützt und gesichert, am Boden.

🟠 Beeinträchtigung der Konzentration

- Setzen Sie sich als Ruhepol neben das Kind und legen Sie bei Bedarf eine Hand auf seinen Rücken.
- Statt im Kreis können die Kinder auch als Partner spielen. Sie hantieren auf den Beinen des Gegenübers. So entsteht ein kleinerer, überschaubarer Rahmen.
- Sitzt ein konzentrationsschwaches Kind neben Ihnen, kann es zudem eine Helferrolle einnehmen, indem es die Bildkarten aufdeckt oder heimlich sehen und benennen darf bzw. als Rätsel beschreibt oder darstellt.

🔵 Kognitive Beeinträchtigung

- Stellen Sie Tiere und Instrumente durch Bildkarten und als Trockenübung vorab gestisch und motorisch dar.
- Sitzen Sie im Blickfeld des Kindes (gegenüber oder daneben) und helfen Sie bei Bedarf durch Handführung.

Im Kindergarten ist was los

2

Unser Weg zum Kindergarten
Eine psychomotorische Themenstunde

Themeneinstieg mit einer Handpuppe (menschliche Figur)

SO GEHT'S:
Begrüßen Sie die Kinder mithilfe einer Handpuppe. Diese ist eng in eine Decke eingehüllt und schläft noch (zum Spannungsaufbau flüstern anfangs alle, um das Kind nicht zu wecken). Schließlich wacht das *müde Kind* doch gähnend auf und begrüßt verwundert die Kindergruppe. Beinahe hätte die Puppe, das *neue Kindergartenkind,* verschlafen. Der Kindergarten beginnt doch gleich!

Alle Kinder begleiten die Puppe auf ihren Weg in den Kindergarten.

Spiel 1: „Garagenbau"

Im Kindergarten ist was los

VORBEREITUNG:
Legen Sie in einer Ecke des Bewegungsraums eine Materialauswahl für den Bau einer Fahrzeuggarage zurecht oder lassen Sie die Kinder selbst ihr Material zusammenstellen. Sie benötigen z. B.: Wäscheklammern, Tücher, Papprollen, Stoffklötze, Gymnastikseile, Turnringe, Matten, Korken, Reifen, Kissen. Erklären Sie den Kindern genau, welches Material des Turnraums sie wegen möglicher Verletzungsgefahr nicht nehmen dürfen!

SO GEHT'S:
Erzählen Sie: *„Es ist noch still auf den Straßen und es sind noch keine Fahrzeuge unterwegs. Sie schlafen noch in ihren Garagen."*

Jedes Kind gestaltet sich aus den Materialien nach seinen Vorstellungen eine eigene Fahrzeuggarage, jedoch können sich die Kinder ebenso in Kleingruppen gegenseitig unterstützen.

Achten Sie darauf, dass die Garagen nicht zu viel Platz einnehmen, damit es im Raum nicht zu eng wird.

● Visuelle Beeinträchtigung
- Ein sehgeschädigtes Kind kann eine gemeinsame Garage mit einem Partner bauen, der das Kind zu den bereitgestellten Materialien begleitet.
- Zeigen und benennen Sie vor Beginn der freien Spielsequenz gemeinsam mit den Kindern die Baumaterialien. Die Kinder befühlen die Materialien.

● Auditive Beeinträchtigung
- Die Kinder sehen, benennen und befühlen vorab die Materialien.

● Motorische Beeinträchtigung
- Ein gehbehindertes Kind darf sich vorab seine Materialien auswählen und bekommt sie in einer Kiste an seinen Platz gestellt (so werden ihm nicht die gewünschten Materialien von schnelleren Kindern weggeschnappt). Natürlich kann es sich während des Gestaltens für weitere oder andere Materialien entscheiden.
- Ein im Oberkörper und mit den Händen eingeschränktes Kind kann eine gemeinsame Garage mit einem Partner bauen, und soweit es ihm möglich ist, Materialien mit anbauen, sowie verbal Ideen äußern und mithilfe des Partners gemeinsam umsetzen.
- Ein im Rollstuhl sitzendes Kind benötigt eine Garage, die statt in die Breite mehr in die Höhe geht (verwenden Sie die Sprossenwand oder hohe Kästen als Seitenwände).

● Beeinträchtigung der Konzentration
- Erzeugt das Hin- und Hergehen zum Beschaffen der Materialien zu viel Unruhe, erhalten die Kinder eine Kiste, um ihr Material hineinzulegen und darin zum Platz zu tragen. Gegenstände wie Reifen können sie vorab zum Platz tragen.
- Manchen Kindern hilft es, mit einem Partner gemeinsam zu bauen.

Spiel 2: „Aufstehzeit für die Garagenflitzer"

SO GEHT'S:

Jedes Kind liegt gemütlich in seiner selbst gebauten Garage und ruht noch an diesem frühen Morgen.

Ziehen Sie eine Eieruhr ein wenig auf, sodass sie nach kurzer Zeit klingelt.

Das Klingeln ist der Weckruf für alle Fahrzeuge: Sobald das Geräusch ertönt, erwachen alle Kinder und flitzen als Fahrzeuge lautstark durch den Raum. Dabei bewegen sich die Kinder um die Garagen herum und vermeiden möglichst Zusammenstöße mit anderen Fahrzeugen.

Drehen Sie währenddessen erneut ein wenig an der Eieruhr. Sobald sie erneut ertönt, müssen sich diesmal alle Fahrzeuge wieder schnell in ihre Garage legen und dürfen sich ausruhen.

Wiederholen Sie das Spiel mehrfach.

Visuelle Beeinträchtigung

- Manche Kinder verunsichert das Rennen als Fahrzeuge im Raum mit dazugehörigen lauten Geräuschen: Alle Kinder bewegen sich alternativ als Fahrzeuge auf allen vieren durch den Raum. So wird das Tempo gedrosselt und die Bewegungen anderer sind einschätzbarer. Außerdem unterstützt der zusätzliche Bodenkontakt der Hände das sehgeschädigte Kind bei der Fortbewegung durch den Raum und schafft womöglich mehr Sicherheit.
- Ein Partner kann dem Kind beim Wiederfinden der gemeinsamen Garage verbal oder führend helfen.

Auditive Beeinträchtigung

- Ein hörgeschädigtes Kind benötigt möglicherweise eine optische Unterstützung zum Klingeln der Eieruhr: Ziehen Sie die Eieruhr unten haltend oder hinter dem Rücken versteckt etwas auf. Sobald das Klingelgeräusch ertönt, halten Sie die Uhr deutlich in die Höhe.
- Achten Sie darauf, dass das Kind beim Ruhen in der Garage mit dem Gesicht zu Ihnen liegt, damit es Ihre Gestik mit der Eieruhr erkennen kann.

Motorische Beeinträchtigung

- Ein langsameres, nur leicht eingeschränktes Kind kann mit einem Partner an der Hand herumgehen.
- Einen Rollstuhlfahrer schieben Sie oder ein Kind durch den Raum.

Kognitive Beeinträchtigung

- Stellt das wilde Rennen für ein Kind eine Reizüberforderung dar, ist das Fortbewegen als Fahrzeug auf allen vieren auch hier hilfreich. Das Tempo wird gedrosselt, es herrscht weniger Lärm und mehr Übersichtlichkeit.
- Stellen Sie sich ins Blickfeld des Kindes, sodass es die Eieruhr sowohl hören als auch sehen kann.
- Das betroffene Kind kann gelegentlich eine Runde lang Helfer sein und die Eieruhr aufziehen.

Spiel 3: „Mein Auto in der Dunkelheit"

SO GEHT'S:
Bei diesem Spiel bilden jeweils zwei Kinder ein Paar und stellen sowohl ein Auto als auch dessen Fahrer dar (die Garagen sind bereits wieder abgebaut). Dies ist ein Vertrauensspiel, bei dem sich das blind geführte Kind sehr auf seinen Partner und dessen Umsichtigkeit verlassen muss.

Verbinden Sie dem *Fahrzeug* die Augen, denn sein *Fahrer* lenkt ihn möglichst sicher durch den Verkehr.

Das Spiel kann in mehreren Schwierigkeitsstufen gespielt werden:

→ das lenkende Kind umfasst das nichtsehende Kind von hinten an beiden Schultern (durch den Körperkontakt hat das Kind vermutlich das höchste Maß an Sicherheit),

→ ein stabiler Holzstab dient als Verbindung zwischen Geführtem und Führendem (der *Fahrer* steht vor seinem *Fahrzeug* und lenkt, rückwärtsgehend, durch den Raum),

→ der *Fahrer* steht vor seinem *Fahrzeug* und führt das Kind an einem Gymnastikseil durch den Raum (durch die Nachgiebigkeit des Materials ist dies die schwerste Variante).

→ Leiten Sie die führenden Kinder anfangs verbal an, indem Sie ihnen Tipps geben, was sie ihren Fahrzeugen sagen können: *„Hier geht es um die Kurve, wir halten kurz wegen des Gegenverkehrs, bremsen, weiter geht's"*

→ Bei längerer Übungssequenz und ausreichend Vertrauen wird das Führen auch nonverbal möglich sein und allein Druck, Zug und Richtungslenken als Anweisungen genügen.

→ Achten Sie darauf, dass keine Hindernisse im Weg liegen und der Geräuschpegel nicht zu groß ist.

Visuelle Beeinträchtigung

- Kinder mit starker Sehschwäche könnten hier beim Geführtwerden im Vorteil sein und sich schneller als ihre Mitspieler sicher durch den Raum bewegen. Jedoch ist hier eine individuelle Beobachtung nötig, denn ebenso kann das Vertrauen, sich einer führenden Person zu überlassen, eingeschränkt sein: Vielleicht lässt sich das Kind lieber von Ihnen führen.

- Das Führen eines anderen Kindes kann durch eine Sehschwäche erschwert sein (beispielsweise ein abgeklebtes Auge verändert die räumliche Wahrnehmung und das Abschätzen von Abständen). Dienen Sie als Sprachrohr des sehbeeinträchtigten führenden Kindes.

- Führt das Kind einen älteren oder körperlich sicheren Mitspieler, kann es selbst vorwärtslaufen und führt das Gegenüber rückwärts durch den Raum.

Auditive Beeinträchtigung

- Es ist wichtig, dass das Kind von seinem Partner taktil besonders gut angeleitet wird (dies ist auch mit Seil und Holzstab möglich, aber vielleicht behagt einem Kind das Führen an den Schultern mehr).

- Falls das Kind das Gehen mit verbundenen Augen nicht möchte, kann der Kopf auch mit einem Chiffontuch bedeckt sein (so ist der Sehsinn nur minimal beeinträchtigt).

- Anfangs können Sie das hörgeschädigte Kind beim Führen eines Partners begleiten, um ihm taktil zu vermitteln, wie der Partner sicher geführt werden sollte.

Taktile Beeinträchtigung

- Die Kraft als Führender kann möglicherweise nicht richtig dosiert werden. Hält das Kind die Schultern des Partners zu fest oder zu locker, legen Sie Ihre Hand auf seine, um ihm das Gefühl zu vermitteln, welche Stärke angebracht ist.

- Vielleicht ist es dem Kind unangenehm, von einem anderen Kind geführt zu werden und Sie sind der geeignetere Spielpartner.

Motorische Beeinträchtigung

- Ein im Rollstuhl sitzendes Kind kann durchaus *blind* durch den Raum geschoben werden. Das Führen eines anderen Kindes ist hier schon schwieriger: Möglicherweise kann mithilfe eines Seils ein Rollbrett hinter den Rollstuhl gebunden werden (sichern Sie das Kind auf dem Rollbrett). Ein drittes Kind schiebt den Rollstuhl und das Kind auf dem Rollbrett.

- Bei motorischer Beeinträchtigung der Hände und Arme kann das Halten von Seil und Holzstab erschwert sein, das Führen an den Schultern könnte dem Kind leichter fallen.

- Unterstützen Sie dieses Kind beim Führen eines anderen Kindes, indem Sie Ihre Hände auf dessen Hände mit auflegen und die Schultern des Partners mitlenken.

Spiel 4: „Auch Fußgänger gibt es im Verkehr"

VORBEREITUNG:
Richten Sie ein rotes und ein grünes Chiffontuch, Seile sowie für jedes Kind einen kleinen Gymnastikring her.

SO GEHT'S:
Jedes Kind stellt einen Fußgänger dar und balanciert einen Gymnastikring als Hut/Mütze auf dem Kopf.

Sie sind die Ampel: Halten Sie schwenkend ein grünes Chiffontuch in die Höhe, dürfen die Kinder gehen. Halten Sie das rote Tuch nach oben, müssen die Kinder stehen bleiben. Dabei sprechen Sie nicht, sodass die Kinder genau auf Sie achten müssen, um das Signal nicht zu verpassen.

Die Kinder können kreuz und quer Seile als Straßen auslegen. Noch spannender wird es mit Hindernissen, z. B. Pylonen oder Kästen.

2 Im Kindergarten ist was los

- 🔴 **Visuelle Beeinträchtigung**
  - Das betreffende Kind kann mit einem Partner durch den Raum gehen.
  - Anstelle von Tüchern, sind zwei unterschiedliche akustische Signale sinnvoll, z. B. ein Tamburinschlag für *„Stopp!"* und ein Triangelton für *„Weitergehen!"*

- 🟢 **Taktile Beeinträchtigung**
  - Das Balancieren des Gymnastikrings auf dem Kopf fällt möglicherweise schwer, weil der Reiz (Druck) dabei zu schwach ist für eine adäquate Rückmeldung. Bieten Sie dem Kind statt des Ringes ein kleines Sandsäckchen an, das es auf dem Kopf herumtragen kann.

- 🟢 **Auditive Beeinträchtigung**
  - Achten Sie darauf, die Tücher deutlich sichtbar zu schwenken.

- 🔵 **Motorische Beeinträchtigung**
  - Das Kind darf sich einen Partner suchen, der es an der Hand nimmt, um gemeinsam herumzugehen.
  - Befestigen Sie den Gymnastikring vorsichtig mit einem Gummiband am Kopf des Kindes.

Spiel 5: „Der dunkle Tunnel"

VORBEREITUNG:
Als abschließendes ruhigeres Spiel stecken Sie eine dünne Turnmatte in zwei bis drei Reifen, sodass sie sich, der Reifenform entsprechend, rund biegt. Um den Tunnel noch etwas abzudunkeln, können Sie eine große Decke über die Reifen legen. Legen Sie eine Weichbodenmatte etwas entfernt von der Spielstation auf den Boden.

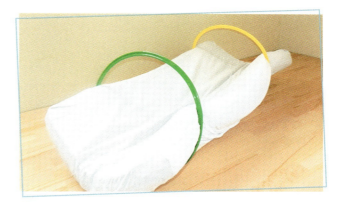

SO GEHT'S:
Rollen Sie den Reifen mit der Matte hin und her, dies stellt einen runden Tunnel dar.

Ein bis zwei Kinder legen sich in den dunklen Tunnel hinein. Sie oder die anderen Kinder schaukeln sie sacht hin und her.

Stundenabschluss

SO GEHT'S:

Zur abschließenden **Entspannung** legen sich alle Kinder gemeinsam gemütlich auf eine am Boden liegende Weichbodenmatte. Die *Fahrzeuge* sind beim Kindergarten angekommen und der *Motor* wird abgestellt.

Spielen Sie leise Töne auf einer Ocean-Drum und erzeugen Sie Geräusche zarten Meeresrauschens. So findet die Verwandlung der *Fahrzeuge* zurück zu Kindergartenkindern statt. Umrunden Sie dabei leise gehend die Weichbodenmatte und bleiben Sie bei den einzelnen Kindern stehen (die Kinder können mit geschlossenen Augen lauschen oder aber den *Tanz der Kügelchen* beobachten).

Jüngere Kinder sind vom *Tanz der Kugeln* möglicherweise so gebannt, dass sie das Spiel der Ocean-Drum gerne im Sitzen beobachten.

Auch im Sitzen ist dieser Abschluss möglich, der Entspannungseffekt ist im Liegen jedoch höher.

Zum **Abschied** kann wieder die Handpuppe erscheinen. Reflektieren Sie mithilfe der Puppe die Stunde gemeinsam mit den Kindern. Fragen Sie z.B.: *„Wie hat euch eure Garage gefallen?"* oder *„Gab es Unfälle?"*

Die Handpuppe verabschiedet sich von den Kindern mit einem kleinen Abschiedslied oder einem Gruß (z.B. Hand schütteln, mit Puppenhand über Kinderwange streicheln) und wird von allen wieder gemeinsam in die Decke gehüllt. Erzählen Sie: *„Dies ist noch ein sehr junges Kindergartenkind und braucht nach diesem anstrengenden Weg in den Kindergarten eine kleine Schlafpause, bevor es wieder spielen kann!"*

🔴 Visuelle Beeinträchtigung

- Das Bewegen der Matte kann ein blindes Kind verängstigen. Ein Partner darf mit in den *Tunnel* und so Sicherheit geben. Auch ein Handschmeichler (Stein oder kleiner Ball) kann beruhigend wirken. Außerdem hilft es manchen Kindern, wenn es Ihre Stimme hört, egal ob Sie sprechen oder singen.

- Das Kind wählt selbst eine angenehme Sitzposition, falls ihm das Liegen auf dem Rücken unangenehm ist.

- Bieten Sie einem sehgeschädigten Kind eine Taschenlampe an oder nehmen Sie das Tuch weg, sodass von oben her Licht in den *Tunnel* einfallen kann.

- Während der Entspannung kann das Liegen auf einer festen Turnmatte angenehmer sein als auf einer nachgiebigen Weichbodenmatte.

🟢 Auditive Beeinträchtigung

- Durch die Einschränkung des Hörvermögens kann das Liegen im Dunkeln verunsichern. Nehmen Sie das Tuch ab oder geben Sie dem Kind eine Taschenlampe als *Straßenlaterne* mit in die Mattenröhre. Das Kind kann sich auch einen Partner als Begleitung suchen.

- Bei der **Entspannung** kann das Kind die Ocean-Drum von unten mit der flachen Hand berühren, um das Rollen der Kügelchen taktil wahrzunehmen.

- Führen Sie die **Abschlussreflexion** nonverbal durch. Das Kind kann mit seinem Daumen (gut oder nicht gut) Zeichen geben.

- Arbeiten Sie mit Bildkarten, die verschiedene Emotionen zeigen (ärgerlich, fröhlich, traurig). Auf diese können die Kinder deuten, um ihre Empfindungen zur Gesamtstunde auszudrücken.

- Stellen Sie die einzelnen Spielangebote zusätzlich bildlich dar, um die Reflexion differenzierter zu gestalten. Gestalten Sie dafür Situationskarten (Garage, Fahrzeug, Fahrer mit Auto, Fußgänger, Tunnels). Die Kinder können passend zu jeder Karte auf eine Emotionskarte deuten.

🟢 Taktile Beeinträchtigung

- Bei einem *taktilen Unterempfinden* bevorzugen Kinder vermutlich ein schnelleres Schaukeln der Mattenröhre.

- Bei *taktilem Überempfinden* ist Kindern ein schnelles Schaukeln möglicherweise unangenehm. Unterstützen Sie das Kind, indem Sie es nur leicht schaukeln. Es kann sitzen statt liegen, einen Handschmeichler halten oder ein weiteres Kind mit in den Tunnel nehmen.

- Für die Entspannung legen Sie statt der Weichbodenmatte eine dünne Turnmatte auf den Boden.

🟠 Beeinträchtigung der Konzentration

- Während der Entspannung kann ein Handschmeichler (Stein) beruhigend wirken. Ebenso gibt ein fester Untergrund einen besseren Halt zum ruhigen Liegen.

- Erzeugen Sie einen Spannungsaufbau, indem Sie die Ocean-Drum über dem Kopf eines konzentrationsschwachen Kindes sehr langsam und bedächtig bewegen.

„Milch, Mehl und Eier"
Fantasievolle Lach- und Backgeschichten

1. Themeneinstieg: Geschichte

SO GEHT'S:
Die Kinder erfinden eine eigene Geschichte, die einen bestimmten Themenschwerpunkt hat, beispielsweise eine Hasengeschichte bei einer Backaktion zu Ostern oder die Geschichte einer Obstwiese bei der Herstellung eines Obstsalates.

Verstecken Sie in einem Stoffbeutel verschiedene Gegenstände, die zu einem fantasievollen Erzählen beitragen können: für eine Hasengeschichte z. B. einen Stoffhasen, eine Holzkarotte, einen Ball, ein Spielzeugauto.

Auch Bildkarten erleichtern das Erfinden einer Geschichte. Liegen sie in einer Reihe auf dem Tisch, führen sie die Kinder wie ein roter Faden durch ihre Geschichte.

Sollen alle Kinder einbezogen werden, beginnen Sie mit einem kurzen Einstieg in eine Geschichte. Dabei halten Sie z. B. einen Stoffhasen in der Hand. Geben Sie den Hasen an das neben Ihnen sitzende Kinder weiter, um zu symbolisieren, dass es jetzt an der Reihe ist, die Geschichte weiterzuerzählen.

Unterstützen Sie die Kinder, z. B. indem Sie die bisherigen Geschichtenteile mit Stichworten zusammenfassen oder weiterführende Fragen stellen: *„Wohin hüpft denn der Hase, nachdem …?"*

Schreiben Sie oder eine Kollegin die Geschichte mit, um sie später für die Kinder zu kopieren.

● Visuelle Beeinträchtigung
○ Bieten Sie dem Kind statt der Bildkarten Gegenstände zum Ertasten und Benennen an.
○ Auch eine Geräusch-CD kann das Entwickeln einer Geschichte anregen.

● Auditive Beeinträchtigung
○ Lassen Sie jedes Kind den jeweils ausgewählten Gegenstand oder die Bildkarte zeigen, so können sie dem Verlauf der sich entwickelnden Geschichte leichter folgen.
○ Setzen Sie Gestik und Mimik ein, um die Szenen der Geschichte zu verdeutlichen (Hand erschrocken vor den Mund halten, Hände als Hasenohren an den Kopf).
○ Bieten Sie an, die Geschichte in einem kleinen Rollenspiel umzusetzen, um den Inhalt so zu wiederholen und zu vertiefen.

● Motorische Beeinträchtigung
○ Unterstützen Sie das betreffende Kind beim Aufnehmen einer Bildkarte oder Greifen nach einem Gegenstand.

● Kognitive Beeinträchtigung
○ Halten Sie aktuelle Gegenstände und Bildkarten hoch.
○ Legen Sie die Karten oder Gegenstände jeweils der Reihe nach so ab, wie sie in der Geschichte auftauchen. So ist der Ablauf der Geschichte auf einen Blick sichtbar.
○ Wiederholen Sie die Geschichte mit den Kindern und lassen Sie die Kinder dabei auf die Bilder oder Gegenstände deuten.
○ Auch hier bietet sich ein Rollenspiel zur Vertiefung an.

2. Themeneinstieg: Fehler-Suchspiel

VORBEREITUNG:
Kennen die Kinder bereits das, was Sie am nächsten Tag mit ihnen backen möchten, können sie ein Fehler-Suchspiel spielen. Erstellen Sie dafür Bildkarten mit lustigen Fehlern.

Obstsalat: verschiedene Früchte zum Ausmalen sind abgebildet sowie eine Gurke, ein Hund, eine Sonne, ein Kaktus.

Plätzchenbacken: Milchflasche, Zucker, Eier, Mehldose sowie Zwiebel, Blumenkohl, ein Regenschirm, eine Tulpe.

SO GEHT'S:
Die Kinder umfahren die richtigen Zutaten mit einem Stift und streichen die falschen Abbildungen durch. Die eingekreisten Motive dürfen sie anschließend anmalen.

● **Visuelle Beeinträchtigung**
○ Hier muss ein sehschwaches Kind gegebenenfalls von einem Partner unterstützt werden, der beim Umkreisen und Durchstreichen verbal und gestisch Hilfestellung gibt. Zudem sind kräftige Farben sinnvoll.

○ Alternativ kann der Helfer dünne Papierstreifen über die falschen Motive kleben, damit das sehbehinderte Kind sie ertasten kann.

○ Lesen Sie die Begriffe langsam und deutlich vor, so kann das Kind besser die richtigen und falschen Abbildungen finden.

● **Motorische Beeinträchtigung**
○ Bieten Sie dicke Malstifte an, die sich gut umfassen lassen.

○ Geben Sie Hilfestellung nur, soweit sie nötig ist, beispielsweise durch Hand- oder Armführung, sodass das Kind möglichst viel selbst bewerkstelligen kann.

● **Kognitive Beeinträchtigung**
○ Legen Sie alle auf dem Papier dargestellten Gegenstände bzw. Lebensmittel auf den Tisch. So können die Kinder daran riechen, sie betasten usw., um besser über passend oder unpassend zu entscheiden.

○ Zeigen Sie das Durchstreichen und Umkreisen deutlich an einer Vorlage an.

Gemeinsam vorbereiten: „Wir schaffen das!"

SO GEHT'S:

Je nach Gruppengröße, Personalmöglichkeiten und räumlichen Gegebenheiten können manche Back- und Kochaktionen in der Großgruppe stattfinden, manche jedoch in einer Kleingruppe. Die Vorbesprechung dazu sollte mit denjenigen stattfinden, die anschließend auch an der Durchführung beteiligt sind.

Nach einer Kleingruppenaktion können Sie die übrigen Kinder in einer gemeinsamen Gesprächsrunde miteinbeziehen (eigene Vermutungen über die Zubereitung anstellen, sich von den Köchen und Bäckern die einzelnen Herstellungsschritte erläutern lassen).

Inhalt der Vorbesprechung sollte sein: sich für ein Koch- oder Backrezept entscheiden, überlegen, welche Zutaten, Küchengeräte und Utensilien zu organisieren sind und wo gekocht oder gebacken wird. Auch die Arbeitsverteilung kann schon im Gespräch entschieden werden.

Zur bildhaften Unterstützung können Sie vorab eine Vielzahl von Fotos der Zutaten und Küchengeräte erstellen und ausdrucken. Diese eignen sich auch beim weiteren Verlauf des Angebots und für die Reflexionsphase.

● Visuelle Beeinträchtigung
○ Holen Sie mit den Kindern alle benötigten Küchengeräte und Zutaten hervor. Die Kinder benennen und befühlen sie.

● Auditive Beeinträchtigung
○ Besprechen Sie das Rezept intensiv und legen Sie benötigte Zutaten im Verlauf des Gesprächs nach und nach in die Kreismitte.

● Beeinträchtigung der Konzentration
○ Setzen Sie sich neben das betreffende Kind, so können Sie durch kleine Berührungen Ruheimpulse setzen.
○ Übertragen Sie einem unruhigen Kind Helferaufgaben, wie das Ablegen der Bildkarten.

● Kognitive Beeinträchtigung
○ Bildkarten oder Fotokarten dienen der bildlichen Darstellung der nötigen Zutaten. Die Kinder überlegen sich zuerst die nötigen Zutaten und Gerätschaften für die Backaktion und legen die dazugehörige Karte in die Kreismitte.
○ Beschreiben Sie die Zutaten und lassen Sie die Kinder erraten, worum es sich handelt (solch ein sprachliches Ratespiel unterstützt die Wortschatzerweiterung, Wissensvermittlung und abstrakte Vorstellungsfähigkeit).

Arbeitsplatz herrichten: „Gleich geht's los!"

SO GEHT'S:
Überlegen Sie gemeinsam mit den Kindern, wo die Zubereitung stattfinden soll.

Entscheiden Sie miteinander, ob Tische im Gruppenraum zusammengeschoben werden müssen oder in der Küche genug Platz ist.

Die Kinder wischen die Tische ab, legen Tischdecken aus und räumen ihre Spielsachen rundherum weg, damit niemand darüber stolpert.

● Visuelle Beeinträchtigung
○ Verteilen Sie wieder die Aufgaben so, dass das sehgeschädigte Kind mit einem Partner agieren kann (z. B. einen Lappen holen und den Tisch abwischen).

● Auditive Beeinträchtigung
○ Zeigen Sie zusätzlich mit Gesten nötige Vorarbeiten an, wie Schürze anziehen, Tisch wischen.

● Beeinträchtigung der Konzentration
○ Das gemeinsame Ausführen einer Vorarbeit mit einem Partner kann eine nötige Orientierung geben.

● Kognitive Beeinträchtigung
○ Besprechen Sie alle Vorarbeiten ausführlich und klar strukturiert.
○ Stellen Sie dem Kind evtl. einen Partner zur Seite.

Produkte und Arbeitsmaterial organisieren: „Das brauchen wir"

SO GEHT'S:

Eventuell haben Sie in der Vorbesprechung bereits Arbeitsaufträge verteilt, bzw. sich die Kinder welche ausgewählt. Nun wiederholen Sie kurz, welche Zutaten, Küchengeräte usw. benötigt werden.

Jedes Kind erfüllt je nach Gruppengröße ein bis zwei Arbeitsaufträge so selbstständig wie möglich (die Merkfähigkeit der Kinder soll hier nicht nur gefördert, sondern auch gefordert werden).

Die Fotokarten des Vorgesprächs können hier bei einigen Kindern eine wichtige Unterstützung sein: Sie dürfen die Bildkarten ihrer Produkte mit sich führen und vergleichen.

Begleiten Sie die Kinder in die Küche oder zum Materialtisch und unterstützen Sie sie beim Durchforsten von Schränken und Schubladen.

● Visuelle Beeinträchtigung

○ Das Kind kann seinen Arbeitsauftrag mithilfe eines Partners ausführen.

○ Geben Sie dem Kind akustische Reize, damit es den gewünschten Gegenstand finden kann, z.B.: mit den Rührlöffeln klappern, auf einem Brettchen klopfen.

○ Lassen Sie es an den Lebensmitteln riechen, damit es diese unterscheiden kann.

● Auditive Beeinträchtigung

○ Das Kind wählt je nach Anzahl der Arbeitsaufträge ein oder zwei Bildkarten mit den benötigten Zutaten und Gegenständen aus. Es kann sie mit sich führen oder, falls der Schwerpunkt auf einer Förderung der Merkfähigkeit liegt, intensiv betrachten und zurück legen.

● Beeinträchtigung der Konzentration

○ Eine Bildkarte kann eine visuelle Unterstützung sein, um die Konzentration besser sammeln zu können und den Arbeitsauftrag auszuführen.

○ Auch ein fester Partner dient als Unterstützung des Kindes.

○ Wollen Sie die Merkfähigkeit des Kindes schulen und es sein Material ohne Bildkarten organisieren lassen, helfen Sie durch Fragen: *„Ist dein Gegenstand zum Essen oder ein Küchengerät?"* oder *„Schmeckt dein Lebensmittel süß oder sauer?"*

● Kognitive Beeinträchtigung

○ Die Unterstützung durch Bildmaterial, einen Partner oder das sprachliche Begleiten führt auch das kognitiv eingeschränkte Kind zu möglichst selbstständigem Handeln.

Gemeinsam backen: „Milch, Mehl und Eier"

SO GEHT'S:

Nach dem Händewaschen und Anziehen der Schürzen geht es ans Backen. Die Kinder überlegen gemeinsam eine sinnvolle Reihenfolge der einzelnen Arbeitsschritte.

Binden Sie jedes Kind mit einer Tätigkeit ein.

Bitten Sie eine Kollegin, die Kinder beim Backen zu fotografieren. So haben Sie Bilder für die spätere Reflexion und die Dokumentation des Angebots.

Abschließend räumen alle gemeinsam auf.

● Visuelle Beeinträchtigung
- Besprechen Sie noch einmal das Rezept und bauen Sie die Zutaten und benötigten Geräte und Küchenutensilien in der Zubereitungsreihenfolge auf. Das sehgeschädigte Kind kann vor Beginn der Zubereitung noch einmal die einzelnen Materialien abtasten und hat so eine Orientierung über deren Platz und die Reihenfolge des Geschehens.

● Auditive Beeinträchtigung
- Legen Sie die Bildkarten direkt vor Beginn der Zubereitung am Arbeitsplatz gemeinsam in die richtige Zubereitungsreihenfolge und lassen Sie sie dort liegen. Dies gibt dem hörgeschädigten Kind während des Geschehens eine visuelle Orientierung und es erhält einen Überblick über die nächsten Handlungen. So kann es sich schneller mit einbringen.

● Motorische Beeinträchtigung
- Denken Sie daran, einen geeigneten Arbeitsplatz für einen Rollstuhlfahrer einzurichten!
- Ein im Oberkörper oder der Händigkeit eingeschränktes Kind erhält Hilfestellung durch andere.
- Achten Sie auf eine entspannte und ruhige Atmosphäre und bleiben Sie geduldig, denn eine planvolle Bewegungskoordination oder das Sammeln ausreichender Muskelkraft nimmt eventuell eine gewisse Zeit in Anspruch.

● Beeinträchtigung der Konzentration
- Das dichte Beisammenstehen um einen engen Arbeitsplatz herum kann zu Unruhe, Streitigkeiten und Ungeschicklichkeiten führen, deswegen ist es sinnvoll, die Arbeitsfläche zu vergrößern (noch einen weiteren Tisch anschieben) und, statt zu stehen, auf Stühlen um den Arbeitsplatz herum verteilt zu sitzen.
- Halten Sie sich neben dem konzentrationsschwachen Kind auf.
- Um die Konzentration eines Kindes zu sammeln, kann es nach jedem erledigten Arbeitsschritt die dazugehörige Bildkarte zur Seite legen.

● Kognitive Beeinträchtigung
- Das bildliche Darstellen der Arbeitsschritte auf dem Arbeitstisch (Bildkarten, Fotos) oder das Aufstellen aller Zutaten und Gerätschaften in der entsprechenden Handlungsreihenfolge, sind gute Unterstützungen für langsamere Kinder. So können sie den nächsten Schritt besser vorausahnen und aktiver teilnehmen.

Reflexion: „Das Backen hat Spaß gemacht!"

SO GEHT'S:

Reflektieren Sie den Verlauf möglichst zeitnah.

Lassen Sie die Kinder ihre Gefühle beschreiben, die sie während des Angebots hatten. Dabei reflektieren sie erst einmal von sich aus, können aber durch Ihre gezielten Fragen eine kleine Hilfestellung erhalten: *„Wie hat es geschmeckt?"*, *„Ist dir etwas schwergefallen?"*

Fällt manchen Kindern das Sprechen oder das Sich-Öffnen vor der Gruppe schwer, so kann eine nonverbale Rückmeldung eine gute Möglichkeit der Teilnahme sein: Daumen hoch = gut, Daumen runter = nicht gut.

Fassen Sie Ihre Eindrücke in Worte, um auch sprachgehemmten oder schüchternen Kindern Rückmeldung zu geben: *„Ja, ich hatte auch den Eindruck, dass es dir gut gefallen hat. Beim Abwiegen des Zuckers hast du gestrahlt."*

● **Auditive Beeinträchtigung**
○ Eine nonverbale Reflexion per Daumen oder mit Gefühlskarten eignet sich, um die Gesamtaktivität oder Einzelaspekte emotional zu bewerten.

● **Beeinträchtigung der Konzentration**
○ Unruhige, konzentrationsschwache Kinder haben teilweise Schwierigkeiten im Bereich der Eigenwahrnehmung. Ihnen helfen Gefühlskarten und Bildkarten, um sich an den Verlauf des Angebots zu erinnern und es mit Gefühlen zu verbinden.
○ Ein Handschmeichler oder das Auflegen Ihrer Hand auf den Rücken des Kindes hilft ihm, das Abwarten und Zuhören auszuhalten.

● **Kognitive Beeinträchtigung**
○ Auch im Bereich kognitiver Problematiken können Emotionskarten und Fotokarten des Angebots eine gute Möglichkeit darstellen, sich des Geschehens zu erinnern und es mit Gefühlen zu verbinden.

Mit allen Sinnen
durch Haus und Garten

Der Natur auf der Spur
Walnüsse

Bastelaktion: Nusskastagnetten

VORBEREITUNG:
Für jedes Kind benötigen Sie zwei leere Walnusshälften und einen etwa 15 cm langen und 5–7 cm breiten Kartonstreifen. Knicken Sie den Streifen in der Mitte und kleben Sie die Walnusshälften außen mit Heißkleber genau gegenüberliegend an. Stellen Sie Farben und Pinsel auf den Tisch.

SO GEHT'S:
Die Kinder gestalten ihre Kastagnetten farbig.

● **Visuelle Beeinträchtigung**
- Die Kinder erkunden die Nüsse mit den Händen: fühlen, aneinander klopfen, rollen etc.
- Führen Sie die Hand des Kindes beim Bau der Nusskastagnette und unterstützen Sie es beim Zusammenklappen der Nusskastagnette.
- Beschreiben und wiederholen Sie einzelne Schritte des Bastelangebots während des Verlaufs.
- Gestalten Sie den Arbeitsplatz übersichtlich und strukturiert.

● **Motorische Beeinträchtigung**
- Richten Sie den Arbeitsplatz für die Bastelaktion übersichtlich und nah am Kind her und reichen Sie ihm Material an.
- Unterstützen Sie es beim Spielen der Kastagnette, bei der Pinselhaltung, beim Anmalen der Nusshälften und beim freien Hantieren mit Nüssen.

Bastelaktion: Eine kleine, bunte Raupe

VORBEREITUNG:
Legen Sie für jedes Kind etwa vier bis fünf Walnusshälften, Fingerfarben und einen Alleskleber, Scheren und Tonpapier auf den Tisch sowie ein Tuch, damit die Kinder sich die Finger abwischen können.

SO GEHT'S:
Die Kinder bemalen die Nusshälften. Nach dem Trocknen kleben Sie die Nüsse der Reihe nach als Raupenkörper auf einen Tonkarton.

● **Visuelle Beeinträchtigung**
- Die Kinder erkunden die Nüsse mit den Händen: fühlen, aneinander klopfen, rollen etc.
- Richten Sie den Arbeitsplatz übersichtlich und körpernah her. Unterstützen Sie das Kind beim Anmalen der Nusshälften mit dem Pinsel oder bitten Sie ein anderes Kind, zu helfen.
- Beschreiben und wiederholen Sie einzelne Schritte des Bastelangebots während des Verlaufs.

● **Motorische Beeinträchtigung**
- Richten Sie den Arbeitsplatz übersichtlich und nah am Kind her und reichen Sie ihm Material an.
- Unterstützen Sie es bei der Pinselhaltung, beim Anmalen der Nusshälften und beim freien Hantieren mit Nüssen.

Mit allen Sinnen durch Haus und Garten

Rhythmischer Reim mit Nusskastagnetten: Der Specht

1. **In** dem **Wald** liegt **in** der **Luft,**
   ein **lieb**lich **fei**ner **Tan**nen**duft.**
   Tief im **Wald** gibt's **viel** zu **hö**ren,
   kein Tier **lässt** sich **da**von **stö**ren
   Oben **in** den **Bau**mes**kro**nen
   viele **Spe**chte **ger**ne **woh**nen.

2. **Tock, tock, tock,** sie klopfen munter,
   Holz und Rinde vom Baum runter.
   Tock, tock, tock, am Baum sie klettern,
   ihnen ist egal das Wetter.
   Tock, tock, tock, ihr Schnabel saust,
   denn die Baumhöhle wird ihr Haus.

SO GEHT'S:
Sprechen Sie die Verse rhythmisch betont und lassen Sie die Nusskastagnetten entsprechend der betonten Silben mitklappern. Die Kinder ahmen Sie nach und machen mit.

Strophe 2 sprechen Sie flotter. Hier klappern Sie nur beim „Tock, tock, tock" mit der Nusskastagnette. Zum Zeichen einer Veränderung können Sie zwischen den beiden Strophen einen kurzen Spannungsbogen bauen: „Oh, seht ihr dort oben die Spechte, wie sie sich flink ein Haus bauen?"

● Visuelle Beeinträchtigung
- Unterstützen Sie das Kind beim Zusammenklappen der Nusskastagnette.
- Sprechen Sie den Reim etwas verlangsamt und betont.
- Setzen Sie sich dem Kind sichtbar gegenüber, damit es die gestische Darstellung des Reims erkennen kann.

● Auditive Beeinträchtigung
- Machen Sie deutliche Gesten im Sichtfeld des Kindes.
- Beleben Sie den Reim mit Naturmaterial (Rinde, Blätter, Bild eines Spechtes, Federn).

● Motorische Beeinträchtigung
- Unterstützen Sie das Kind beim rhythmischen Aufeinanderklappen der Kastagnette.

Spiel im Freien: Die Raupe auf Futtersuche

VORBEREITUNG:
Knacken Sie einige Walnüsse und legen Sie sie ohne Schale in eine Blechdose.

SO GEHT'S:
Eine Kleingruppe steht mit verbundenen Augen hintereinander und bildet eine Raupe. Ein etwas entfernt stehendes Kind klappert mit den Walnüssen in der Blechdose. Die Raupe folgt dem Geräusch und findet ihr Futter.

● Visuelle Beeinträchtigung
- Stellen Sie das Kind beim Raupenspiel in die Kinderschlange, sodass es taktil die Sicherheit eines Vorder- und Hintermannes hat. Ist das Kind der anführende Raupenkopf, legen Sie ihm die Hand auf die Schulter, um es zu begleiten.
- Erklären Sie das Spiel deutlich.

● Auditive Beeinträchtigung
- Tauschen Sie das akustische Signal bei der Futtersuche durch ein visuelles Signal aus.
- Lassen Sie das Kind die Raupengruppe sehend anführen und mit geöffneten Augen in der Raupenreihe gehen.

3 Mit allen Sinnen durch Haus und Garten

Der Natur auf der Spur
Steine

Spiellied mit einer Rasseldose

> „Rasseldose, du sollst wandern,
> von der einen Hand zur andern.
>
> Kling so laut, klingt so schön.
> Bei wem bleibt die Dose stehn?"
>
> *Melodie: „Taler, Taler, du musst wandern"*

SO GEHT'S:

Reichen Sie beim Singen des Liedes eine bunt beklebte, mit kleinen Steinchen gefüllte Blechdose im Kreis herum.

Ist das Lied zu Ende, darf das Kind, das gerade die Dose hält, damit rasseln.

Damit das Spiel spannender wird und um mehr Aktion zu fördern, geben Sie mehrere Dosen zum Weiterreichen in den Kreis bzw. verändern Sie das Tempo Ihres Gesangs.

● **Visuelle Beeinträchtigung**
○ Singen Sie das Spiellied langsamer, sodass die Dose langsamer weitergereicht wird.

● **Auditive Beeinträchtigung**
○ Unterstützen Sie das Spiellied rhythmisch mit einem Tamburin und stellen Sie mit einer ausholenden Bewegung das Gesangsende dar. Dies ermöglicht dem hörgeschädigten Kind eine schnellere Reaktion während des Dosenspiels.

● **Motorische Beeinträchtigung**
○ Bieten Sie bei Bedarf Handführung beim Weiterreichen der Dose an.

● **Kognitive Beeinträchtigung**
○ Singen Sie das Lied langsam, um die Reaktionsfähigkeit beim Weiterreichen zu unterstützen.

Rhythmisches Klopfspiel mit Kieselsteinen

1. Hallo, hallo, guten Tag.
   Klopfen ist, was ein Stein mag.
   Links Herr Stein und rechts Frau Klein,
   klopfen aufeinander ein.

2. Festes Schlagen, kein Vertragen,
   beide Steine bald verzagen.
   Laut und stark ein jeder haut,
   jeder hat sich was getraut.

3. Doch Frau Klein mag nun nicht mehr,
   schnelles Klopfen Herr Stein hört.
   Leise geht es hier nun zu,
   beide Steine geben Ruh.

4. **Langsam** sind nun diese beiden
   und sie wollen nicht mehr streiten.
   Reiben aneinander sacht,
   geben aufeinander acht.

SO GEHT'S:

Jedes Kind erhält einen großen Stein (linke Hand = Herr Stein) und einen kleinen Kieselstein (rechte Hand = Frau Klein).

Dem Reim entsprechend klopfen oder reiben die Kinder ihre Steine in unterschiedlichem Tempo und Lautstärke aneinander.

● **Visuelle Beeinträchtigung**
- Vor Beginn des Reims klopfen Sie die Steine in deutlich unterschiedlichem Tempo und Lautstärke aneinander.
- Unterstützen Sie das Kind durch Handführung von hinten (nur soweit nötig).
- Sprechen Sie den Reim langsam und mit Pausen zwischen den einzelnen Strophen.

● **Auditive Beeinträchtigung**
- Klopfen Sie Ihre beiden Steine während des Reims, dem Text entsprechend, deutlich aneinander und sitzen Sie im Blickfeld des Kindes.
- Zur Verdeutlichung von langsam-schnell und leise-laut wiederholen Sie den Reim. Diesmal gehen Sie dazu mit der Kindergruppe im Raum herum und klopfen zeitgleich zum Rhythmus die Steine aneinander. Dabei variieren Sie in Tempo und Lautstärke.

● **Motorische Beeinträchtigung**
- Bieten Sie bei Bedarf Handführung beim Klopfen der Steine an.

● **Kognitive Beeinträchtigung**
- Machen Sie den Reim durch langsame und deutliche Gesten verständlicher und stellen Sie ihn zusätzlich in Bewegung dar (Verbindung von Motorik, Sprache und Visualisierung).
- Sprechen Sie den Reim betont langsam und rhythmisch.

3 Mit allen Sinnen durch Haus und Garten

Taktile Spiele im Freien: Die Kita-Mauer

SO GEHT'S:
Legen Sie eine Reihe aus großen Steinen auf den Boden.

Die Kinder balancieren auf der Mauer, z.B. barfuß, mit dicken Socken, mit verbundenen Augen/sehend, mit Sandsäcken auf dem Kopf.

VARIANTE:
Bieten Sie einen Fußfühlpfad an. Stellen Sie mit unterschiedlichen Steinen befüllte Wannen oder Kisten auf. Interessanter wird es, wenn Kieselsteine in Sand oder größere Steine in Wasser liegen.

● **Visuelle Beeinträchtigung**
○ Leiten Sie das Kind verbal an, wenn es auf der Mauer balanciert.
○ Bieten Sie auch beim Begehen der Mauer und beim Fußfühlpfad Handführung an, wenn nötig.

● **Motorische Beeinträchtigung**
○ Einem Kind, das nicht oder nur schlecht gehen kann, stellen Sie die Wannen des Pfades vor seinen Stuhl und lassen den Inhalt der Wanne über die Füße rieseln oder helfen dabei, die Füße hineinzutauchen, bzw. die Steine mit den Füßen zu berühren.

● **Kognitive Beeinträchtigung**
○ Begleiten Sie die taktilen Erfahrungen der Füße sprachlich und lassen Sie auch die Kinder beschreiben, wie es sich anfühlt: nass, kalt, hart.

Mit allen Sinnen durch Haus und Garten

Der Natur auf der Spur
Wasser

Reimspiel zum Experimentieren: Die Sommerdetektive

SO GEHT'S:
Lesen Sie den langen Text ab oder entscheiden Sie sich für einzelne Strophen. Dann können Sie das Experimentierspiel über mehrere Tage durchführen und dabei jede Strophe umsetzen. Der Schwerpunkt liegt auf der Suche eines Naturmaterials und dessen Verhalten im Wasser.

1. Im Sommer gehen wir oft raus.
   Wie schaut denn die Natur hier aus?
   Wollen suchen und auch finden,
   nichts kann vor uns nun verschwinden.
   Heute ist ein heißer Tag
   und jeder nun ans Wasser mag.
   An der Wanne sind wir munter,
   was schwimmt oben, was geht unter?

2. Wir sammeln viele schöne Steine,
   mancher blitzt im Sonnenscheine.
   Bei Hecken, Wegen und im Sand
   verstecken sich so allerhand.
   Jeder Stein sieht anders aus,
   ich hole ihn von dort heraus.
   Steine sind leicht oder schwer,
   kann denn einer schwimmen hier?

3. Aus dem Urlaub viele Muscheln
   sich in unsre Hände kuscheln.
   Am feinen Strand sie gerne lagen,
   das Meer hat sie hingetragen.
   Nahmen sie im Koffer mit
   und trugen sie gern Schritt für Schritt.
   Die Muscheln sind groß oder klein,
   welche wird ein Schwimmer sein?

4. Im Garten wächst es oftmals grün,
   viele Blumen um uns blühn.
   An Bäumen zahlreich zu entdecken,
   Vögel dort ihr Nest verstecken.
   Jeder holt einmal ein Blatt,
   manches rau und manches glatt.
   Aufs Wasser nun mit viel Bedacht,
   welche Blätter sinken sacht?

5. Unter manchem Vogelnest,
   ein Vogel seine Federn lässt.
   Manche sind voll Vogeldreck,
   dort lassen wir die Finger weg.
   Die sauberen sammeln wir ein,
   denn Vogelfedern sind doch fein.
   Mal sind sie kurz und auch mal lang,
   welche schwimmen, schauen wir bang.

6. Stöcke suchen macht uns Spaß,
   oftmals liegen sie im Gras.
   Unter Bäumen und beim Strauch
   liegen Stöcke manchmal auch.
   Detektiv mit gutem Blick
   findet sie, ob dünn ob dick.
   Wir legen sie aufs Wasser drauf,
   das Wasserspiel nimmt seinen Lauf.

7. Der Sand tut gut auf unsrer Haut,
   Burgen jeder gerne gebaut.
   Doch tragen wir ihn heute her,
   das Wasser wird zum großen Meer.
   Der Sand rieselt aus unsrer Faust,
   langsam oder schnell durchsaust.
   Wir schauen und sind sehr gespannt,
   was er tut, der weiche Sand.

Zusammen spielen und singen in der Kita

3 Mit allen Sinnen durch Haus und Garten

● **Auditive Beeinträchtigung**
○ Ersetzen Sie den langen Reim durch ein Fühlspiel: Stecken Sie je ein Material in einen Stoffbeutel, lassen Sie das Kind hineinfassen und fühlen. Per Daumen kann das Kind anzeigen, ob das Material schwimmt oder sinkt (nach oben oder unten zeigen).

● **Motorische Beeinträchtigung**
○ Ein Partner schiebt bei Bedarf einen Rollstuhl für die Materialsammelaktion durch das Gelände. Sie oder zwei Partner stützen ein gehgeschädigtes Kind.

○ Ist das Greifen mit den Händen erschwert, können Sie Gewichtsunterschiede verschiedener Materialien ebenso auf den Beinen, den Schultern oder Armen verdeutlichen.

● **Kognitive Beeinträchtigung**
○ *Taktile Unterstützung:* Das Kind kann zusätzlich die verschiedenen Materialien in der Hand abwiegen und vergleichen.
○ *Verbale Unterstützung:* Verdeutlichen Sie durch verbale Beschreibungen verschiedene Prozesse während der Spielaktion.

Klangerlebnis: „Wir musizieren"

SO GEHT'S:
Die Kinder stellen verschiedene Glasgefäße auf und befüllen sie unterschiedlich hoch mit Wasser.

Sie spielen sie mit einem Löffel oder einem Holzstab an und hören auf die Klänge.

● **Visuelle Beeinträchtigung**
○ Führen Sie Finger und Hand des Kindes mit dem Schlägel zu den Gläsern hin.
○ Verwenden Sie farbige Gläser.

● **Auditive Beeinträchtigung**
○ Bei einem Resthörvermögen führen Sie die klingenden Gläser nahe an das Ohr des Kindes.
○ Während andere Kinder Gläser anspielen, darf das Kind sie berühren und so den Klang spüren.

● **Motorische Beeinträchtigung**
○ Unterstützen Sie das Halten der Gläser und führen Sie den Zeigefinger des Kindes am Glasrand entlang oder unterstützen Sie das Anschlagen mit einem Holzstab.

Mit allen Sinnen durch Haus und Garten 3

„Was es alles gibt…"
Watte

Basteln mit Wattebahnen: „Weiche, weiße Watte"

SO GEHT'S:
Die Kinder kleben Wattebilder.
Dafür gestalten sie den Hintergrund mit Fingerfarbe oder sie verwenden farbiges Papier. Anschließend kleben sie Wattekugeln und Wattebahnen darauf.

● **Visuelle Beeinträchtigung**
○ Bieten Sie zum Kennenlernen des Materials vorab die Wattebahnen an: als Haare auf den Kopf oder als Schal um den Nacken legen, als Rauschebart an den Mund halten.

● **Auditive Beeinträchtigung**
○ Stellen Sie ein Wattebild zu einem eher abstrakten Thema, wie beispielsweise *Wüstenlandschaft*, vorher mittels entsprechenden Bildmaterials dar und besprechen sie es.

● **Motorische Beeinträchtigung**
○ Ermöglichen Sie zur Einführung ein intensives taktiles Wahrnehmen von Wattebahn und Wattebausch.
○ Unterstützen Sie das Kind bei Bastelarbeiten durch Handführung und reichen Sie ihm das Material.

Tischfußball mit Wattebausch: „Tooor!"

SO GEHT'S:
Kleben Sie Pappstreifen als Torbögen an die gegenüberliegenden Tischkanten.

Die Kinder versuchen, eine Wattekugel in das gegnerische Tor zu pusten.

● **Visuelle Beeinträchtigung**
○ Anstelle eines Torbogens liegen an den Enden des Tisches lange Seile als Ziellinie, die nicht verfehlt werden können.
○ Ein bis zwei Kinder unterstützen das Kind zusätzlich als Schiedsrichter mit Anweisungen und feuern es an.

● **Motorische Beeinträchtigung**
○ Platzieren Sie einen Rollstuhlfahrer für das Tischfußballspiel nahe am Tisch: Beide Spieler sitzen.

Entspannungsreim: „Für mein Gesicht"

1. Wir sind heute kleine Katzen,
schleichen leise auf den Tatzen.
Flink laufen wir kreuz und quer,
schlecken gern den Milchtopf leer.
Weiches Fell umgibt uns warm,
alle Katzen sind hier zahm,
Geht's uns gut, können wir schnurren,
doch auch fauchen oder knurren.

2. Mäuse locken uns ins Feld,
die spitzen Ohren aufgestellt.
Die Katzenaugen sehen gut,
auch den Mann mit Hund und Hut.
Bei dem Feld am Wegesrand
finden wir so allerhand.
Noch mehr Kätzchen treffen wir,
ich mag gerne dieses Tier.

SO GEHT'S:
Sprechen Sie den Entspannungsreim langsam und mit leiser Stimme.

Die Kinder legen sich auf den Boden und streicheln sich dazu in den Gesichtern mit Watte, die das weiche Katzenfell symbolisiert.

TIPP:
Bieten Sie anschließend an, etwas zu malen. Lesen Sie den Reim noch einmal vor. Die Kinder malen das, was ihnen dazu einfällt.

● Visuelle Beeinträchtigung
○ Das Partnerkind berührt zuerst das sehgeschädigte Kind, damit dies spürt, welche Möglichkeiten es hat, den Reim in Berührungen umzusetzen.

● Auditive Beeinträchtigung
○ Die Kinder können den Entspannungsreim vorab als kleines Rollenspiel durchführen.

○ Zeigen Sie vorab, wie das Gesicht des Partners mit der Watte gestreichelt werden kann.

● Motorische Beeinträchtigung
○ Ein im Oberkörper eingeschränktes Kind entspannt sich, wenn es mit Watte berührt wird. Womöglich kann es aber seinen Partner nicht ebenso streicheln. Unterstützen Sie das Kind daher, falls möglich, bei der Arm- und Handführung oder streicheln Sie stattdessen seinen Partner.

Balancierspiel: „Watteträger"

SO GEHT'S:

Die Kinder transportieren und balancieren Wattekugeln oder Teile von Wattebahnen auf dem Körper (Kopf, Handfläche).

Ein kleiner Hindernisparcours erschwert die Aufgabe und erhöht den Spaßfaktor. Verteilen Sie dafür z. B. Pylonen, kleine Sandeimer oder Kissen im Raum. Die Kinder müssen darüber und drum herum gehen. Besonders schwer wird es, wenn sie auch unter etwas hindurchgehen müssen.

● Visuelle Beeinträchtigung
- Lange Stücke Wattebahnen können sehgeschädigte Kinder möglicherweise besser balancieren als kleine Wattekugeln.
- Das Kind bekommt einen Partner, der es an der Hand durch den Hindernisparcours lotst oder ihm sagt, wo es lang geht.

● Motorische Beeinträchtigung
- Bauen Sie statt eines Hindernisparcours für einen Rollstuhlfahrer einen Slalom auf.

Mit allen Sinnen durch Haus und Garten 3

„Was es alles gibt..."
Strohhalme

Bastelangebot: „Strohdächer und Monster aus Halmen"

SO GEHT'S:
Die Kinder schneiden Strohhalme in verschiedene Längen und legen oder kleben sie auf einen Tonkarton. Dabei gestalten sie fantasievolle Gebilde.

Alternativ können Sie Figuren und Formen aufzeichnen. Die Kinder legen oder kleben die Strohhalme auf die Linien.

- **Visuelle Beeinträchtigung**
  - Zeichnen Sie ein Motiv für ein Legebild aus Strohhalmen vor. Wenn Sie dabei fest aufdrücken (auf weicher Unterlage), drücken sich die Linien ins Papier und können leichter mit dem Finger umfahren werden. So kann das Kind die Linie ertasten. Helfen Sie trotzdem beim Aufkleben der Strohhalme, wenn nötig.

- **Motorische Beeinträchtigung**
  - Unterstützen Sie das Kind im Bedarfsfall durch Handführung, Armführung und das Anreichen des Materials.
  - Der Arbeitsplatz sollte übersichtlich und das Material in greifbarer Nähe sein.

- **Kognitive Beeinträchtigung**
  - Zeigen und geben Sie den Kindern ein vorab angefertigtes Strohhalmbild als Modell zum Betrachten und Betasten.
  - Besprechen Sie die Arbeitsschritte intensiv.

3 Mit allen Sinnen durch Haus und Garten

Spiel: „Sachenpuster"

SO GEHT'S:
Die Kinder pusten verschiedene Gegenstände mithilfe eines Strohhalmes über den Boden oder die Tischplatte. Geeignet sind z. B. Wattebällchen, Styroporkugeln, Federn.

- **Visuelle Beeinträchtigung**
  - Verwenden Sie Klang erzeugende, leichte Gegenstände für das Pustespiel, z. B. kleine Glöckchen oder geknüllte Alufolie.
- **Motorische Beeinträchtigung**
  - Sensibilisieren Sie die Kinder, fortgewehtes oder weggepustetes Material wieder vor das motorisch eingeschränkte Kind zu legen und es so zu unterstützen.
  - Pusten Sie mit dem Strohhalm verschiedene Hautstellen des Kindes an oder bitten Sie ein anderes Kind, dies zu tun.

Spiel: „Sachensauger"

SO GEHT'S:
Verschiedene, aus Transparentpapier ausgeschnittene Formen liegen auf dem Tisch. Die Kinder versuchen, sie mit ihrem Strohhalm anzusaugen und ein Stück weit zu transportieren.

- **Visuelle Beeinträchtigung**
  - Bieten Sie für das Ansaugspiel ein noch leichteres Papier mit rauer Struktur an, damit das Kind es vorab besser ertasten kann (Bananenpapier, Elefantenpapier).
- **Motorische Beeinträchtigung**
  - Lassen Sie das betreffende Kind die einzelnen Materialien ausgiebig erkunden: das Transparentpapier auf dessen Arme legen und es von dort ansaugen.

Bastelangebot: „Ein schwimmendes Floß"

VORBEREITUNG:
Richten Sie für jedes Kind einen stabilen Karton her (17 x 6 cm), außerdem Strohhalme, Kleber und Korkenstücke.

SO GEHT'S:
Die Kinder bestreichen eine Seite des Kartons komplett mit Kleber und bedecken die Fläche dicht mit langen Strohhalmen.

Die Unterseite bekleben die Kinder mit schmalen Korkenstücken, damit das Floß schwimmt und der Karton nicht durchweicht.

Jetzt geht's los: Die Kinder lassen ihre Flöße in einer Wanne schwimmen.

- **Visuelle Beeinträchtigung**
  - Bieten Sie Handführung und Hilfestellung beim Ankleben der Strohhalme für das Floß an.
  - Gestalten Sie den Arbeitsplatz übersichtlich.
- **Motorische Beeinträchtigung**
  - Unterstützen Sie das Kind im Bedarfsfall durch Handführung- bzw. Armführung und reichen Sie ihm Materialien an.
  - Der Arbeitsplatz sollte übersichtlich und das Material in greifbarer Nähe sein.

Zur Autorin

Die in der Pfalz lebende **Heilpädagogin Miriam Kaykusuz** ist seit 2005 in einem integrativen Kindergarten tätig. Dort arbeitet sie vorwiegend mit Kleingruppen nach bestimmten Förderschwerpunkten und entwickelt hierfür verschiedene integrative Projekte in den Bereichen Musik-Rhythmik, Psychomotorik, Feinmotorik und Sprachförderung.

Prägend waren für sie Fortbildungen bei Frau Sabine Hirler (heilpädagogische Musik-Rhythmik) und der Deutschen Akademie für Psychomotorik.

Nebenberuflich war Frau Kaykusuz als Sprachförderkraft für fremdsprachige Kinder tätig und betreute zudem integrative Musikschulgruppen. Ihre Elternzeit nutzt sie nun, um ihre Förderprojekte und Spielangebote in Form von Büchern zu veröffentlichen.

Danksagung

Mein besonderer Dank gilt allen beteiligten Kindern, ohne deren Begeisterung für Neues dieses Buch nicht hätte entstehen können. Des Weiteren bedanke ich mich bei meinen beiden Mäusen Noah Kemal und Selina Leyla, sowie meinem Mann, die mich mit viel Geduld und Ausdauer unterstützten.

Ebenfalls seien hier die beiden Einrichtungen erwähnt, die mir mit großem Entgegenkommen Räumlichkeiten und Material zur Verfügung stellten: Der evangelisch-integrative Bartimäus-Kindergarten Worms und die Kindertagesstätte der Lebenshilfe in Grünstadt.

Medientipps

Literatur

Ayres, A. Jean; Soechting, Elisabeth (Übers.):
Bausteine der kindlichen Entwicklung: Sensorische Integration verstehen und anwenden.
Das Original in moderner Neuauflage.
Springer Verlag, 2013.
ISBN 978-3-642-30176-6

Breuer, Kati:
Rhythmus-Hits für Kita-Kids: Kreative Ideen zum Trommeln, Rasseln, Klatschen, Stampfen
Verlag an der Ruhr, 2012.
ISBN 978-3-8346-2231-0

Beudels, Wolfgang; Lensing-Conrady, Rudolf; Beins, Hans J.:
... das ist für mich ein Kinderspiel: Handbuch zur psychomotorischen Praxis
Borgmann publishing, 2013 (11. Aufl.).
ISBN 978-3-86145-221-8

Defersdorf, Roswitha:
Drück mich mal ganz fest. Geschichte und Therapie eines wahrnehmungsgestörten Kindes.
Verlag Herder, 2013.
ISBN 978-3-451-06595-8

Herm, Sabine:
Psychomotorische Spiele für Kinder in Krippen und Kindergärten.
Cornelsen Schulverlage, 2013 (14. Aufl.).
ISBN 978-3-589-24795-0

Hirler, Sabine:
Musik und Spiel für Kleinkinder.
Praxisbuch mit CD.
Cornelsen Schulverlage, 2012.
ISBN 978-3-589-24723-3

Jung, Heike:
Bunte Bewegungsstunden für Kita-Kinder.
Vom Urwald-Abenteuer bis zur Weltraum-Reise.
Verlag an der Ruhr, 2014.
ISBN 978-3-8346-2534-2

Köckenberger, Helmut:
Vielfalt als Methode. Methodische und praktische Hilfen für lebendige Bewegungsstunden, Psychomotorik und Therapie.
Borgmann media, 2011 (2. Aufl.).
ISBN 978-3-938187-33-3

Theilen, Ulrike:
Mach Musik. Rhythmische und musikalische Angebote für Menschen mit schweren Behinderungen.
Reinhardt Verlag, 2004.
ISBN 978-3-497-01699-0

Wagner, Yvonne:
Das Kita-Kinder-Kochbuch.
Einfache Rezepte von Mittagstisch bis Mittwochsfrühstück.
Verlag an der Ruhr, 2012.
ISBN 978-3-8346-0933-5

Link*

www.dakp.de
Deutsche Akademie für Psychomotorik

*Die in diesem Werk angegebenen Internetadressen haben wir geprüft (Stand November 2014). Da sich Internetadressen und deren Inhalte schnell verändern können, ist nicht auszuschließen, dass unter einer Adresse inzwischen ein ganz anderer Inhalt angeboten wird. Wir können daher für die angegebenen Internetseiten keine Verantwortung übernehmen.

BILDNACHWEISE

Jakob-Jung, Karolin: S. 48/2
Kaykusuz, Ibrahim: S. 32
Kaykusuz, Miriam: S. 3/1, 3/2, 10/2, 22, 26, 29, 30, 34/3, 36, 39, 40, 42, 44, 45, 46, 47, 50, 56, 57, 58, 60
Kühn, Stephanie: S. 10/1, 49
Schmiega, Miriam: S. 3/3, 4, 5, 6, 9, 14, 17, 20/1, 20/2, 24, 25, 31, 32/2, 34/1, 34/2, 35, 37, 38, 41, 52, 53, 54, 59
Sokolowski-Kühn, Maik: S. 63
Wagner, Yvonne: S. 43, 48/1
Welschehold, Christiane: S. 12, 61